0〜6歳児

「言葉を育てる」保育

日本国語教育学会 監修

福山多江子・伊澤永修・大澤洋美・生野金三 編著

東洋館出版社

「言葉を育てる」保育
を考える

　幼児教育においては、「環境を通して行う教育」を基本とし、「後伸びする力」を培うことを願って、幼児の自発的な活動としてのあそびを中心とした生活を通して、一人一人に応じた総合的な指導を行っています。あそびを展開する過程においては、幼児は心身全体を働かせて活動するので、様々な能力が一つの活動の中で関連して同時に発揮され、諸能力が相互に関連し合い、総合的に発達していきます。ここには、あそびを通しての総合的な指導の重要性が認められます。

　5領域の中で、言葉の獲得に関する領域「言葉」では、「経験したことや考えたことなどを自分なりの言葉で表現し、相手の話す言葉を聞こうとする意欲や態度を育て、言葉に対する感覚や言葉で表現する力を養う」としています。今回の幼稚園教育要領では、特に言語活動の充実を図ることを願って、言葉に対する感覚を豊かにすることを「ねらい」に新たに示し、また生活の中で、言葉の響きやリズム、新しい言葉や表現などに触れ、これらを使う楽しさを味わえるようにすることを「内容の取扱い」に新たに示しています。

　領域「言葉」においては、身近な人との関わりを通して話を聞き、また言葉を使って話し、伝え合う喜びを味わい、言葉に対する感覚を豊かにしていくことを願っています。この活動を通して、幼稚園教育において育みたい資質・能力（「知識及び技能の基礎」「思考力、判断力、表現力等の基礎」「学びに向かう力、人間性等」）及び「幼児期の終わりまでに育ってほしい姿（10の姿）」等を育むことを目指しています。後者の10の姿の中には、「(9)言葉による伝え合い」という内容があり、そこでは「豊かな言葉や表現を身に付け、……言葉で伝えたり、相手の話を注意して聞いたりし、言葉による

伝え合いを楽しむようになる。」とあります。

　こうした幼児期の言葉による伝え合いは、小学校の生活や学習につながっていくとしています。例えば、平成20年改訂の小学校学習指導要領においては、「特に第1学年においては、幼稚園教育における言葉に関する内容などとの関連を考慮すること」(国語科)という文言が入り、平成29年改訂の小学校学習指導要領においては、「幼児期の終わりまでに育ってほしい姿を踏まえた指導を工夫することにより、幼稚園教育要領に基づく幼児期の教育を通して育まれた資質・能力を踏まえて教育活動を実施し、児童が主体的に自己を発揮しながら学びに向かうことが可能にとなるようにすること」という文言が入り、幼児教育と小学校教育の連携をより明確にしています。

　このようなことを踏まえて、本書は、領域「言葉」の指導において、言葉をまだ十分に理解していない乳幼児に対して、教育・保育実践の中で教師・保育士がどのようにかかわることが言葉の発達の助けになるのか、具体的な活動や場面を事例としてあげながら編みました。特に乳幼児の言葉を育む教師・保育士のかかわりを、その子ども自身の言語能力に焦点を当て発達を支える側面と、子どもの発する言葉の背景を捉えながら支えていくという側面等から説明しました。具体的には、「よくあるギモン」、「『言葉を育てる』言葉遊び」、「接続期で『言葉を育てる』」の三章から成っています。

　本書を幼児期の子どもたちの言葉の学びを育むために、ぜひ大いにご活用ください。

　　　令和3年2月吉日

桑原隆（日本国語教育学会会長）
甲斐雄一郎（日本国語教育学会理事長）
藤森裕治（企画情報部会会長）
福山多江子（幼保部会会長）
生野金三（幼保部会会員）

知っておきたい「言葉を育てる」保育に関する基礎・基本

本編に入る前に、「言葉を育てる」保育を実現するために知っておきたい基礎的・基本的な理論を確認しておきましょう。ここでは、言葉の役割、3つの資質・能力、幼児期の終わりまでに育ってほしい10の姿について簡単に解説していきます。

1 胎児と言葉

人間は、動物として生まれてきた中で、唯一「言葉」をもっています。それが大きな特徴と言えるでしょう。近年、胎教や体内記憶という言葉を耳にするようになりました。胎児は、母親のおなかの中で6か月もすると聴覚が発達し、外界の音が聞こえるようになると言われています。その証拠として日本医科大学の窪谷潔教授の実験があります。その結果、胎児に「ノンタン」の絵本を読み聞かせた時と新聞を読み聞かせた時では明らかに反応が違うことが分かりました。「ノンタン」を読んだときには胎動が激しくなり、新聞を読んでいるときには全く反応を示さなかったのです。これはまさに母親の胎内でその声をしっかりと聞き分け、興味のあるものには反応を示すという人間としての言葉をしゃべる準備を確実にしているということなのです。たとえ言葉がしゃべれない赤ん坊であっても、周囲の人たちの言葉かけ、特に日常接している時間の長い親の赤ん坊への言葉は、非常に重要だということが言えるでしょう。

2 言葉の役割

人間は言葉を使用することによって、様々なことを得ることができました。自らの気持ちを相手に伝え、お互いの意思の疎通を図ったり、表現を工夫して物事を説明したりすることができます。

① コミュニケーションを行う

言葉を獲得することにより、コミュニケーションを行うという能力を得られます。言い換えれば言葉のやりとりというのは、心のキャッチボールをするのと同じです。言葉の獲得により、自分の欲求、要求、考えたことなどを理解する能力を獲得していきます。

人間は、生まれてからしばらくすると、親と言葉にならないコミュニケーション、例えば赤ん坊の意味のない喃語に対して親がその状況に応じて、「そうね、おいしいね」「楽しいね」と、相槌を打つことによって意思の疎通ができるようになり、会話ができるようになっていきます。それがきっかけとなり、言葉をやりとりすることの楽しさを知り、人と人との会話が成立していくのです。会話が成立すると、両親、家族、友達との関係ができ、社会性も発達していきます。

② 表現をする

　言葉をまだもたない乳児が、お腹がすいたとき、おむつが濡れて気持ちが悪いとき、不快なとき、眠たいときなどに泣いて表現し、母親や周囲の人間に訴えます。これも、表現の１つです。

　言葉が発達し、「ネンネ」「マンマ」など、意味をもつ言葉が使用できるようになると、「眠いから寝たいよ」「お腹がすいたよ」というように自分の思いを表現し、相手に伝えることができるようになります。しかし、相手に自分の思いを表現できるということは、互いの信頼関係がなくてはならないことです。信頼関係があって初めて自分の思いを伝えることができるのです。

　筆者の経験ですが、幼稚園教諭時代、新入園児を迎えたときに、こんなことがありました。私は一人一人に対し言葉をかけ、コミュニケーションを図ったつもりでいました。それからしばらくし、おやつのみで降園する、ならし保育が終了し、お弁当の時間になった途端、しっかりしていて「この子は幼稚園での生活も大丈夫だろう」と安心して見ていたR児がお弁当を目の前にして全くそれに口をつけようとしないのです。理由を聞いてもわけを話してくれません。体調が悪いわけでもないようです。「どうしてお弁当を食べないわけを話してくれないのだろう」と、悩み考えた末、R児とのコミュニケーションが、私の勝手な安心感により他児より少ないことに気づかされたのでした。それからは、R児に対し、コミュニケーションを多くとることを心がけ、関係性を築いていきました。次第にR児の方から日常の家庭での様子を話してくれるようになり、１週間後、いつものようにお弁当の時間に隣に座り、「お弁当の蓋だけでも開けてみようか？」と言うと、「うん」と言って蓋を開けて自ら食べ始めたのでした。そして、お弁当を食べ終わった直後、「お弁当を見るとお母さんを思い出して涙が出そうになって食べられなかったの」と思いを伝えてくれました。このように自分の思いを表現するには、人と人との関係が重要であり、信頼関係を築くことがいかに大切かということを思い知らされた一件でした。

　のびのびと自分の思いを自由に話し表現するためには、その相手との信頼関係が関係することを忘れてはいけないのです。

③ 考える

　「考える」という言葉を国語辞典で引いてみると、予測する、予想する、想像する、色々筋道を立てて頭を働かせる、思いをめぐらすという言葉が出てきます。言いかえれば、想像するというものと、思考する際に言葉に出して考える（内言）という言葉によるものということになると思います。大昔であればただ単純な作業、例えば生きていくための食糧を得るために、動物を追いかけて狩猟を行うという作業でため、言葉は必要なかったのですが、世の中がこのように複雑になり、抽象的概念を操作しなければならなくなったため、言葉が必要になってくるのです。例えば食べたことのない物を考える時に、「イメージをしてください」と言われても言葉がなければ具体的にこういう物だという表象は出てこないわけですが、丸いかたちをしていて柔らかくて、茶色で、ひき肉で作られていて……という言葉が足されることによって、具体的なイメージもわいてくるのです。

　このように言葉なしに何かを知ったり、考えたり、理解することは困難であるといえます。

④ 行動をコントロールする

　人間は言葉によって、自らの行動をコントロールしようとします。例えば自らの経験で言えば、体育の授業においてあまり長距離を走ることが得意でない私は、マラソンの時にはいつも友達同士で「周囲の景色を見て走れば楽しいわよね」などと言いながら自分を鼓舞し、走っている最中には「頑張れ、あと少し」と言葉に出して一生懸命走っていた記憶があります。また、横断歩道を渡る際には「右見て、左見て」と声を出し、車の往来の確認を行うなどします。

　このように言葉にすることで、自らの行動をより意識し、確認することで、動作を確実に行えるようにコントールしているという面があります。

3 言葉の発達

① 言葉以前（誕生から1歳ころまで）

　赤ん坊は誕生時にあげる産声は、肺呼吸が始まったことを意味します。肺呼吸は、"発声"の基盤ができていることを示しています。

　生まれてから1か月くらいまではお腹がすいているときやおむつが濡れて気持ちが悪いときなど不快を伴うとき以外は、ほとんど眠っています。生後1か月ごろになると泣くばかりではなく、機嫌のよい時には、「アー」「ウー」などという声を発するようになります。

3か月ごろになると、「どうしたの？　なーに？」などという大人の語りかけに対し、「アー」「ウー」という意味のない言葉——喃語で返事をするようになります。ここで重要なことは、赤ん坊の語りかけに対し、必ず何らかの形で母親や周囲の大人が応答してあげることです。このことにより赤ん坊は発声することに楽しみを感じ、言葉への基盤となっていきます。

　5、6か月のころになると、発声器官や聴覚器官が発達し、周囲に大人がいるときなどには何かを要求したり、赤ん坊自身の発声を楽しんだりする、様々なイントネーションを発する反復喃語が発せられるようになります。また、親や保育者などの特定の大人との関係をしっかりと築き上げた赤ん坊には、人見知りの行動が現れてきます。知らない人や関わりの少ない人に対しては、親や保育者にしがみつき泣いたりします。この行動は特定の人との関係が形成されているために不安を感じることであるため、この時期の人見知りは人間関係の構築ができているかどうかを見取るために重要なのです。

　8か月になると、「バイバイ」や「こんにちは」などという乳児にとってなじみのある言葉に対しては理解する様子が見られます。

② 一語発話の時期

　言葉を話すということは、その言葉を正しく発声するだけではなく、どのような状況でどのように発され、どのような意味をもっているのかということも理解しなければなりません。これは実生活において、その場その場に合った多くの語りかけに対し、視覚と聴覚で確認する場を積み重ねることによって獲得していきます。

（1）満1歳ごろ

①初語の出現

　満1歳ころになると、実生活において様々な環境を経験し、十分な語りかけを受けることで、「ワンワン」「ブーブー」「マンマ」「ニャンニャン」など、最も早く表れる意味のある言葉、有意味語を話すようになります。この言葉を初語と言います。初語を発しているときの内容は、乳児にとって極めて重要な要求に関することが大部分です。例えば「ママ」という一言でも、この中には「ママ、来て」「ママ、抱っこして」というように要求の意図を内包した、文章に相当するものであり、一語文と言われます。一語発話ができるようになっても、大人のイントネーションのみを模倣して発声するなど、言葉にならない声も多く聞かれます。しゃべることに非常に興味を示すこの時期は、室内ばかりで過ごすことなく、戸外へ出て様々な自然や環境に触れさせるように心がけるようにしましょう。

②三項関係

　模倣行動も発達し、それに伴い「物を介して人とかかわる、人を介してものとかかわる」という三項関係も成立するようになります。それに加え、この時期には指さし行動も出現します。それまでは刺激を与えると反応するという直接的な関係の中で親と乳児が向かい合っていましたが、三項関係では、親が視線をほかへ動かすとその視線を追い、乳児も視線をそこへ動かすという関係が現れるという行動が見られるようになります。

（2）1歳半前後

　このころになると、指さし行動と発話が組み合わさった行動が出てきます。例えば玄関にある靴を指さし、「クック（くつ）」と発話し、靴を履かせてほしいと要求します。その際に周囲の人はその幼児の発話した意味を想像し、適切な言葉を用い、「靴を履きたいのね」とはっきりした発音で応え、要求に応じるようにすることが大切です。このようなやり取りが頻繁に起こるようなると、二語発話が現れるようになってきます。

③ 二語発話の時期

　単語と単語を組み合わせて発話するようになるのは、およそ1歳半〜2歳ごろです。「ブーブ、きた」「ママ、ごはん」「パパ、かいしゃ」というような結合語であり、二語発話（二語文）と呼ばれるものです。

（1）1歳半〜2歳ごろ

　二語発話を発するようになると、表現することのできる内容が広くなってきます。「だれがどうした」「何をどうした」など、語順を獲得し始め、目の前の事象を述べるだけでなく、目前にないことも言い表すことができるようになります。

ア　語彙量の増加

　この時期は、語彙量も急速に増加していきます。語彙の種類には理解語彙といって、その語彙を使用するときの意味を完全に理解しているものと、使用語彙といって意味ははっきりと理解していないのですが、その語彙を使用する状況は間違っていないものという2種類があります。

イ　象徴機能

　言葉の獲得が飛躍的にのびる理由として象徴機能の形成があげられます。象徴機能とは、ある対象物をそれとはまったく別のもので表す働きで、その対象物がその場にない場合でも代わりの物で代用することにより、対象物そのものを間接的に表すことができる機能のことを言います。例えば子どもが電車で遊びたいと思ったときに、そこに電車がなくても代替えで近くの長い積み木を電車に見立てて遊ぶことができるということです。幼児の中に、その対象物についての表象

ができあがってくることが重要です。幼児が積み木を電車に見立ててあそぶことができるようになるには、そこにない電車という物のイメージをしっかりともっており、そのイメージに対し似たような形の積み木を用いて再現することができるということが必要です。これが「象徴あそび（ごっこあそび）」と発展していくのです。

③幼児語と幼児音

ア　幼児語

「ブーブ」「クック」「マンマ」など、大人が使用する成人語とは別に、幼児向けの言葉として使う幼児語があります。これらは幼児にとって最も発音しやすいものであり、大人がそれを使用することにより、幼児は語音とそれを指し示す対象とを結びつけ、理解しやすくしています。幼児はこれらの語句を獲得し使用するようになります。2歳ごろまでは、幼児の使用する語彙の中に幼児語の占める割合が高いのですが、3・4歳ごろになると、成人語へと移行していきます。

イ　幼児音

子どもの調音の器官が未成熟であり、音声の認知能力が未発達であることにより、「チェンチェイ（先生）」「オトトノコ（男の子）」などの幼児音が発せられます。これは他人にはおかしく聞こえても幼児自身は正しく発声しているつもりの場合が多く、発達の過程における一時的なものです。発音は、ゆっくり発達するものであるため、周囲の大人は幼児に矯正することなく正しく発音し、長い目で見守りながら幼児が臆することなく喜んで話すことができる環境にし、調音器官が発達するまで待ち、自然に正しい発音に移行できるように心がけるようにするとよいでしょう。

④ 日常会話ができるまで

（1）2歳前後

①質問期

二語発話ができるようになってくると、幼児の身近にあるものや興味のあるものを指さし、「これ、なーに？」「どうして？」「これは？」「なぜ？」という質問を盛んにするようになります。これは自分の言葉で相手に事象や音声を知らせることができるようになったことの現れです。質問することにより言葉のやりとりを楽しむこともあり、何度も同じ質問を繰り返し行う場合も多いのです。この質問に対し大人が常に答えてしまうのではなく、「どうしてなのかな？」などと幼児に尋ね返したり、一緒に考えたりすることもしてみるとよいでしょう。

（2）2歳半〜3歳

①多語文、従属文の発生

「テレビ、見た。おもしろいの」「パパ、おちごと（仕事）行った。」などの三語文を話すようになり、

しばらくすると、それよりさらに語の多い多語文を話すようになります。例えば「パパ、おちごと行ったからいないの」という言葉です。これは文章を原因と結果というように区別できるようになり、そのような考え方ができるようになったと考えられます。このようにこの年齢になると象徴機能や記憶力が著しく発達するため、目の前にないことや今あったことのみでなく、以前に自分が経験したことも表現できるようになってきます。そのため言語発達は著しくなるのです。

②接続詞の発生

　3歳ごろになると「それから」「そして」などという接続詞と使用し、文と文とを結合し一つのまとまった文章として話をすることができるようになります。「パパ、きょうはお休みなのに、なんで会社に行くの？」など、理由を問うことが多くなります。この質問の中には自分の獲得してきた言葉を手立てとし、疑問に思うことに対し、接続詞を用いて行います。しかしこれはただ単に質問するだけというより大人との会話をたくさんしたい、自分のその中に入って一人前の人間として扱われたいという気持ちもあるようです。

（3）3〜4歳

①ごっこあそび

　3歳ごろになると生活の再現あそびという、いわゆる"ごっこあそび"が活発に行われるようになります。おままごとごっこ、ヒーローごっこなどであり、生活のいたるところで想像したものになりきり、あそんだりします。おままごとごっこや電車ごっこなどは日常の行為の再現なので、生活の中で使用される言葉を模倣するので親の口調通りに「はい、ごはんだから手を洗っていらっしゃい」「いただきましょうね」と話し、この時期の言葉の発達を支えているといってもよいでしょう。この中で声の大きさの調節ができるようになり、ごっこ遊びで用いている人形と自分の言葉を区別し、話し分けができる様子も見られるようになります。

②日常会話の成立

　4歳ごろになると、日常生活の場面で必要な会話の基礎能力がほぼできあがってきます。この会話の発達は語彙の増加、文構造が複雑化することにより相互に影響し合うからです。幼児は語そのものを理解する以前にその分の中にこういう言葉が入っているから使用するというように文脈の中の意味をまず知り、その語を言葉にしていきます。また、過去・現在・未来の区別も明確になり、順序の狂った過去・現在・未来の出来事の絵を見せると的確に過去・現在・未来の順番に並べ替えることができ、そのことについて説明ができるようになります。そして言葉は自分自身の行動を方向づけるための場面で使えるようになり、以前のように大人の指示に従って行動を起こすのみではなくなっていきます。

⑤ 就学前までの時期

　就学前までの時期では幼児は親や保育者などの大人の言葉を聞き、それを理解するばかりではなく幼児自身が言葉を使用し、様々な表現ができるようになります。幼児が臆することなく自由にのびのびと大人に向かって表現できるということは幼児自身が安心して生活できるような環境が構築されていなければなりません。そのためには親や保育者との確かな信頼関係を築く必要があります。幼児の言葉を理解するには幼児がしゃべっているときの状況、顔の表情、身ぶり、手ぶりなども大事なコミュニケーションであることを忘れないようにしましょう。言葉が発達するにしたがって、友達同士の会話も活発に行われるようになってきます。

（1）5〜6歳ごろ

①集団あそび

　この年齢になると、それまで2〜3人の仲良しグループであそんでいた子どもが集団あそびをするようになります。子どもたちは思い思いに想像するあそびを言葉にし、意見を言い合いながら、ときにはぶつかり、ときには意見を受け入れながら、新しいあそびに発展させたり広げたりしていけるようになります。

②構音の上達

　これまで発音することが難しかったサ行音とラ行音が構音機能の発達により正しく発音できるようになります。

③言葉の自覚化

　5歳ごろになると、自分が話している言葉を音節に分けて考えたりすることができるようになります（音節分解）。

　　（EX）「あめ」➡「あ」と「め」の音節に分けられるということが分かります。

　　　　「あめ」の「あ」は「あき」の「あ」と同じであるということに気づきます。

④しりとりあそび・言葉集め

　言葉の自覚化が始まりできるようになると、しりとりあそびや「あ」や「い」などのつく言葉集め、カルタあそびなどを友達同士で楽しむことができるようになります。これらの言葉による集団あそびや構音の上達、言葉の自覚化などが読み・書き能力の発達につながる重要な役割を果たします。

⑤文字への関心への高まり

　言葉の自覚化が始まってくると文字への関心が高まってきます。それに応じて周囲の環境も文字への関心が高められるように絵本の冊数や種類を多くし、気軽に読めるコーナーを設けるなど

の対応をすることで興味・関心がわき、多くの仮名を読むことができるようになります。

⑥ 就学前〜就学までの時期（幼保小関連）

　幼稚園・保育所では子どもの発達を捉え、それぞれの発達に即した教育が行われています。子どもの発達の連続性を確保するためには幼・保・小の教師が共に幼児期から児童期への発達の流れを理解することが必要であり、言葉の発達についても同様のことが言えます。

（1）6歳以降

　児童期の言葉の発達の特徴の一つといえば言葉による思考が活発になります。これは言葉を音声として発声せず、自分の思考の中で使用する内言と自らの言葉による行動の調整の発達です。また、幼児の生活の中で重要な部分を占めるようになる文字言語の使用も発達していきます。

①話し言葉

　幼児期の後半になってくると話し言葉は一応定着し、会話はほとんど不自由しなくなりますが、その後も発達し続けます。言葉の発達では会話において話し合いができるようになり、コミュニケーションがスムーズになります。しかしまだ自分の話すことに夢中になりすぎて、相手の話をじっと聞くことがおろそかになることも多々あります。そのため日常的な集まりである朝・帰りの集まりのときなどに保育者や友達の話を集中して聞くという経験の積み重ねを通して、幼児は話を聞く態度を身に付け、最終的には言葉による伝え合いがうまくできるようになっていくのです。この機会を十分に活用し幼児が保育者や友達の話を集中して真剣に聞く態度を身につけていくことが、小学校に入学後も授業において集中して聞くという態度が培われると同時に相手に伝えようとする態度も身につけることにつながります。

②書き言葉

　幼児期の中心となる伝達手段は話し言葉ですが、書き言葉への移行期でもあります。書き言葉とは子どもたちが日々遊んでいる言葉が音節で区切られていること、例えば「つみき」であれば「つ」と「み」と「き」でできているということに気づき、音節ごとの文字に興味をもち、その働きに気付いていく営みを支えます。また「あ」のつく言葉はどのようなものがあるのか、「あり」「あさがお」などの生活の中で獲得した言葉がいくつかの音でできていることを知り、それらの音を書き表していくこともできるようになります。文字に興味をもち始める時期は個人差がありますが、文字が生活の中で必要であることに気付かせ、文字への興味・関心を育てること、文字を使用したあそび、例えばお手紙ごっこなどを行っていくことが重要になります。最近では園などにおいて文字環境が豊かになったことにより、子どもの文字への関心が高まっていることから、書き言葉の使用開始に関しては低年齢化が進んでいます。一般的には5歳を過ぎるころに日常生活のなかで

文字や記号などに興味・関心を示し、自分の名前や平仮名が読めるようになったり書けるようになったりします。幼児は成長の過程の中で記号や標識などに興味を示す時期があり、このような時期にタイミングを逃さず受け入れることにより、記号（文字も含む）や標識に関心を示すきっかけをつくれます。

　保育者は小学校へ入学する前に、このように幼児が関心を示したときに環境の中に取り入れながら丁寧に関わることを心がけ援助していくようにします。このようにして小学校に入学してからも文字への興味・関心が持続するようなごっこあそび、カルタとり、カルタ作成などを徐々に取り入れながら文字環境を整えるようにするとよいでしょう。

❹ 3つの資質・能力

　資質・能力の全般的な捉え方は中教審答申（平成28年12月21日）（「幼稚園、小学校、中学校、高等学校及び特別支援学校の学習指導要領等の改善及び必要な方策等について」）において、3つに整理されています。

① 何を理解しているのか、何ができるのか（生きて働く「知識・技能の習得」）

　各教科等において習得する知識や技能ですが、個別の事実的な知識のみを指すものではなく、それらが相互に関連付けられ、さらに社会の中で生きていく働く知識となるものを含むということです。技能についても同様に一定の手付く段階を追って身につく個別の技能のみならず、獲得した個別の技能が自分の経験やほかの技能と関連づけられ、変化する状況や課題に応じて主体的に活用できる技能として習熟・熟達していくということが重要なのです。

② 「理解していること・できることをどう使うか（未知の状況にも対応できる「思考力、判断力、表現力等の育成」）

　将来の予測が困難な社会の中でも、未来を切り拓いていくために必要な思考力、判断力、表現力等です。

　思考・判断・表現の過程には、大きく分類して以下の3つがあると考えられます。

・物事の中から問題を見出し、その問題を定義し解決の方向性を決定し、解決方法を探して計画を立て、結果を予測しながら実行し、振り返って次の問題発見・解決につなげていく過程。

・精査した情報を基に自分の考えを形成し、文章や発話によって表現したり、目的や場面、状況等に応じて互いの考えを適切に伝え合い、多様な考えを理解したり、集団としての考えを

形成したりしていく過程。

・思いや考えを基に構想し、意味や価値を創造していく過程。

③ どのように社会・世界と関わり、よりよい人生を送るか（学びを人生や社会に生かそうとする「学びに向かう力・人間性等」の涵養）

　資質・能力をどのような方向性で働かせていくかを決定付ける重要な要素であり、以下のような情意や態度等に関わるものが含まれます。こうした情意や態度等を育んでいくためには体験活動も含め社会や世界との関わりの中で、学んだことの意義を実感できるような学習活動を充実させていくことが重要となります。

・主体的に学習に取り組む態度も含めた学びに向かう力や、自己の感情や行動を統制する能力、自らの思考の過程等を客観的に捉える力など、いわゆる「メタ認知」に関するもの、一人一人が幸福な人生を自ら創り出していくためには、情意面や態度面について、自己感情や行動を抑制する力やよりよい生活や人間関係を自主的に形成する態度等を育むことが求められています。

・多様性を尊重する態度と互いのよさを生かして協働する力、持続可能な社会づくりに向けた態度、リーダーシップやチームワーク、感性、優しさや思いやりなど、人間性等に関するものです。

　この3つの資質・能力から、幼児期に育みたい資質・能力として以下の3つを挙げています。

　⑴「知識及び技能の基礎」：豊かな体験を通じて、感じたり、気付いたり、分かったり、できるようになったりする。

　⑵「思考力、判断力、表現力等の基礎」：気付いたことや、できるようになったことなどを使い、考えたり、試したり、工夫したり、表現したりする。

　⑶「学びに向かう力、人間性等」：心情、意欲、態度が育つ中で、よりよい生活を営もうとする。

　「知識及び技能の基礎」は、主に気付く力とできる力の基礎を築くということになるでしょう。「思考力、判断力、表現力等の基礎」は、主に様々なことを試したり工夫したりする際に必要になる考える力ということになるでしょう。「学びに向かう力、人間性等」は、幼児のあそびの中で心を動かされ、そこで「これをやってみたい」という意欲が生まれ、失敗を繰り返しながらも粘り強く取り組むことで完成に向かうことに繋がるものになります。これは、幼児の心情、意欲、態度になり、頑張ろうという力へと発展してくのです。幼児の生活の中で総合的に育まれていく力であり、とても重要なものです。

　この資質・能力というのは、保育内容である5つの領域「健康」「人間関係」「環境」「言葉」「表現」

における「ねらい及び内容」に基づいて全体的に活動することにより育まれるものです。その資質・能力が保育内容のねらい・内容の中で幼児がどのようにして育まれているかを示すものが「幼児期の終わりまでに育って欲しい姿」の中の10の姿です。「保育内容」「ねらい及び内容」に基づいた活動全体を通して、資質・能力が育まれている幼児の就学前の具体的な姿を表しています。それを保育者が指導を行う際に考慮するものということです。子どもの様々な具体的な活動を通して見えてくる子どもの様子で、「あ、こういう姿は思い当たるなぁ」と、保育者がそこに関わる中から数多く見とれるように「姿」として設定されています。

　この姿は、乳児期から少しずつ育ってきているもので、それが5歳後半の段階で10の姿に分かれていきます。したがって幼児期に完成する姿ではなく、その過程で「なっていく」という姿なのです。乳幼児の活動全体を通して、そこに向かって伸びていく過程の姿ということです。そして「ねらいと内容」は、子どもの発達に応じて必要な経験を意識し、「10の姿」は乳幼児全体の育ちの方向性として意識をするもので、「資質・能力」は乳児から大人になっていく最も長期間の成長のあり方を言います。この3つの構成によって幼児教育が構造化されていくのです。

5　幼児期の終わりまでに育ってほしい10の姿

「幼児期の終わりまでに育って欲しい10の姿」は、以下の通りです。以下、「10の姿」と言います。
　⑴健康な心と体
　　幼稚園生活(保育所の生活)の中で、充実感をもって自分のやりたいことに向かって心と体を十分に働かせ、見通しをもって行動し、自ら健康で安全な生活をつくり出すようになる。
　⑵自立心
　　身近な環境に主体的に関わり様々な活動を楽しむ中で、しなければならないことを自覚し、自分の力で行うために考えたり、工夫したりしながら、諦めずにやり遂げることで達成感を味わい、自信をもって行動するようになる。
　⑶協同性
　　友達と関わる中で、互いの思いや考えなどを共有し、共通の目的の実現に向けて、考えたり、工夫したり、協力したりし、充実感をもってやり遂げるようになる。
　⑷道徳性・規範意識の芽生え
　　友達と様々な体験を重ねる中で、してよいことや悪いことが分かり、自分の行動を振り返ったり、友達の気持ちに共感したりし、相手の立場に立って行動するようになる。また、きまりを守る必要性が分かり、自分の気持ちを調整し、友達と折り合いを付けながら、きまりを

つくったり、守ったりするようになる。

⑸社会生活との関わり

　家族を大切にしようとする気持ちをもつとともに、地域の身近な人と触れ合う中で、人との様々な関わり方に気付き、相手の気持ちを考えて関わり、自分が役に立つ喜びを感じ、地域に親しみをもつようになる。また、幼稚園（保育所）内外の様々な環境に関わる中で、遊びや生活に必要な情報を取り入れ、情報に基づき判断したり、情報を伝え合ったり、活用したりするなど、情報を役立てながら活動するようになるとともに、公共の施設を大切に利用するなどして、社会とのつながりなどを意識するようになる。

⑹思考力の芽生え

　身近な事象に積極的に関わる中で、物の性質や仕組みなどを感じ取ったり、気付いたりし、考えたり、予想したり、工夫したりするなど、多様な関わりを楽しむようになる。また、友達の様々な考えに触れる中で、自分と異なる考えがあることに気付き、自ら判断したり、考え直したりするなど、新しい考えを生み出す喜びを味わいながら、自分の考えをよりよいものにするようになる。

⑺自然との関わり・生命尊重

　自然に触れて感動する体験を通して、自然の変化などを感じ取り、好奇心や探究心をもって考え言葉などで表現しながら、身近な事象への関心が高まるとともに、自然への愛情や畏敬の念をもつようになる。また、身近な動植物に心を動かされる中で、生命の不思議さや尊さに気付き、身近な動植物への接し方を考え、命あるものとしていたわり、大切にする気持ちをもって関わるようになる。

⑻数量や図形、標識や文字などへの関心・感覚

　遊びや生活の中で、数量や図形、標識や文字などに親しむ体験を重ねたり、標識や文字の役割に気付いたりし、自らの必要感に基づきこれらを活用し、興味や関心、感覚をもつようになる。

⑼言葉による伝え合い

　先生や友達と心を通わせる中で、絵本や物語などに親しみながら、豊かな言葉や表現を身に付け、経験したことや考えたことなどを言葉で伝えたり、相手の話を注意して聞いたりし、言葉による伝え合いを楽しむようになる。

⑽豊かな感性と表現

　心を動かす出来事などに触れ感性を働かせる中で、様々な素材の特徴や表現の仕方などに気付き、感じたことや考えたことを自分で表現したり、友達同士で表現する過程を楽しんだ

りし、表現する喜びを味わい、意欲をもつようになる。

○言葉による伝え合いについて

　この10の姿の中で「言葉による伝え合い」が、「言葉を育てる」保育において最も重要なポイントになります。

　幼児期は人間としての基盤となる言葉を育む重要な時期です。この時期に言葉を育むためには、幼児期の特性を踏まえて遊びや生活の中で3つの資質・能力を総合的に関連させて育むことが重要となります。そのためには、10の姿の言葉による伝え合いを念頭に置き、ほかの姿も考慮しながら実践をしていく必要があります。幼児が絵本や物語に親しみを感じるためには、まずは保育者が幼児に絵本や紙芝居、素話など各発達段階に応じて楽しめるようなものを選び、語ってあげる環境をつくることから始めます。幼児はそこから様々な想像力・空想力を広げ、その世界に興味をもつようになっていきます。保育者もその想像力や空想力に同調し、一緒に楽しむことにより共感する面白さも身に付けていきます。そして、文章の構造や登場人物の心情などが理解できるようになるとその行動を予測したことを友達に伝え合ったりし、物語の展開を互いに楽しむようになっていくのです。

　また伝えたことが相手に通じるようになると、さらに相手はどのように感じているのか、どのように想像を巡らせているのかという意見も聞きたいという、聞くという意欲にもつながっていきます。そして、もう一点重要なことは、子どもに話したいという意欲をもたせてあげることへの環境づくりです。子どもが日常生活の中で、自由に友達と遊ぶ中で不思議に思ったり、協同して一つの物をつくりあげて互いに感動したり、友達と喧嘩をしたり仲直りをするという様々な体験を十分に行うことが必要になります。その中で保育者や友達に話したい、という意欲をもつようになってくるのです。意欲をもった子どもにはその思いを伝えることのできる場を設けるようにしましょう。このことで、言葉による伝え合いが総合的に育まれていくのです。

　この10の姿を考慮することによって、幼児をあらためてよく見ることができるようになり、幼児の様々な姿を整理して捉えることにより幼児の育ちに応じた実践的な保育が展開できるようになります。

　また、幼稚園・小学校の教師が10の姿を通して捉えた幼児の姿から、そこで育まれた資質・能力を理解することにより、幼小の接続期の幼児像が共有されるため、なめらかに接続することができるようになると言えるでしょう。

　以上の内容を踏まえて、本書は構成されています。第1章では、言葉の発達に関する「よくあるギモン」40例を扱っています。左ページには、ギモンや困りのシーンを例示し、右ページで

は解決のためのポイントを示してあります。

　第2章では、言葉の発達を促す言葉あそびを 20 例紹介しています。

　第3章では、幼保小のなめらかな接続のための考え方や理解を示しました。理論から実践まで、様々なシーンで大いに役立ててください。

CONTENTS

第1章　よくあるギモン㊵

第2章　「言葉を育てる」言葉あそび⑳

第3章　接続期で「言葉を育てる」

第1章

よくあるギモン

授乳時の対応は？

乳児に授乳するとき、どのように接しながら行えばよいのでしょうか。ミルクを飲むのを休憩したときなど、なにか言葉かけは必要なのでしょうか。

子ども

あーあー

保育者

……

なぜだろう？　保育者のギモン

乳児が授乳をしている最中に時々ミルクを飲むことをやめるのは、なぜでしょうか？

お答えします！

解決の糸口

子どもは授乳者とのコミュニケーションを求めています。授乳を止めたときに「どうしたの？　疲れたかな？　おいしいでしょう？」などの言葉をかけましょう。

子どもに授乳するときには、必ず子どもの目を見て、お話をしながら与えましょう。子どもはコミュニケーションを求めています。

おいしいね。たくさん飲もうね。
ゴクゴク

保育者

無言で授乳をすることは望ましいことではありません。

NG

赤ちゃんとの
コミュニケーションを大切に

授乳をしているときにミルクを飲むことを止めて大人の応答を待つのは、哺乳動物の中でも人間だけです。このとき、子どもはコミュニケーションを求めています。その際に、コミュニケーションをとるために「おいしいね」「たくさん飲んでね」などの、その場に適した言葉をかけてあげるようにしましょう。

Point

ミルクを飲むことを休むとき
が言葉かけのタイミング

人間の赤ちゃんは平均して乳首（哺乳瓶）を25秒くらい吸い続けると14秒くらい休む（正高信男（1993）『0歳児がことばを獲得するとき』中公新書）というパターンを繰り返します。これは人間特有の相互交渉、他者との関わりを大切にするということからです。この間こそ、大人と子どもとのコミュニケーションを楽しむ重要な時間になります。

指さし行動への対応は？

言葉の準備期
0歳ごろ

子どもが、ある特定のものを指し、喃語「あーあー」などと発音するようになりました。このように指さし行動をしている子どもへは、どのように対応すればよいのでしょうか。

> 子ども
>
> あーあー

> 保育者
>
> ……

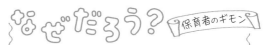

なぜだろう？　保育者のギモン

なぜ指をさして「あーあー」などという言葉を発しているのでしょうか？

お答えします！

解決の糸口

指さし行動は、まだ話のできない乳児がコミュニケーションをとるための一つの手段です。その指さし行動に、保育者が応えることで、乳児との会話が成立します。

子ども

あーあー。あーあー

そうね、にゃんにゃん。
ねこだね

保育者

子どもが指さし行動をして「あーあー」「うーうー」という喃語を言っていたら、必ず指さす方向を見て、指している物の名前を伝えるようにしましょう。

子どもは満足がいくまで何度も言葉を繰り返します。1回応えたからと、その次は応えないというのはよくありません。

OK

NG

Point

子どもの指さしに
応えることを大切に

指さし行動は、コミュニケーションを行う基盤となるものなので、その行動に気づいたら、その指がさしてる方向を見て、その物を見極め、正しい言葉で必ず応えてあげることが重要です。

指さし行動は
発達の目安にもなる

指さし行動は、個人差はありますが、生後10か月ごろから表れ始めます。指さしの仕方にも個人差があり、必ずしも人差し指で行うものではないので、手を挙げて何かを指さしているようであれば、それに応えるようにしましょう。

「マンマ」しか言わないうちの子は大丈夫?

言葉の準備期
0歳ごろ

生後10か月のお子さんをもつ保護者から「うちの子は何を見ても『マンマ』と言うのですが、これからちゃんと言葉を覚えてくれるのか心配です」と相談されました。保護者の方が安心するような声かけとしてどのような内容が考えられますか?

子ども

マンマ、マンマ

保護者

なぜ、「マンマ」としか言わないのだろう……

なぜだろう？ 保護者のギモン

なぜ、何を見ても「マンマ」としか言わないのでしょうか。ちゃんと言葉は出てくるのでしょうか。

お答えします！ 解決の糸口

保護者の積極的な言葉かけによる関わりによって、子どもは数多くの発語を行うようになります。子どもとのコミュニケーションをたくさんとるようにして心がけるとよいことを伝えましょう。

子ども

マンマ、マンマ

そうだね、マンマ、バナナだね。黄色い色をしているね、甘くておいしいね

保育者

まずは、子どもが発音しているものを見て、正しい言葉を具体的にかけてあげるようにします。バナナを食べているときには、「バナナね、黄色いね、甘くておいしいね」とそのものについて説明の言葉をかけます。

子どもが「マンマ」と言う言葉に対して肯定的に言って気持ちに寄り添うのはよいですが、そのままにしておかないようにしましょう。

NG

生後1年までの言葉の発達

身近な大人の言葉を聞いて覚えていきます。たとえ、その意味が理解できなくとも、その言葉とシチュエーションを見て、その言葉がどのような場面で使用されているかを理解しようとしています。そのため、子どもに対してたくさんの言葉かけを行うよう保護者に伝えましょう。

Point

喃語が出たときには喃語で返しましょう

喃語を話すようになった子どもに対しては、その言葉に応えるように喃語で返してあげましょう。その応答的な関わりが、のちのコミュニケーションにつながっていきます。子どもが出した声に応えることで、話す楽しさを味わえるようにします。

意味のある言葉を話すようになったときの関わりは?

1歳になる子どもが、最近、「ワンワン、ブーブー」などの意味のある言葉を話すようになりました。このときの子どもへの関わりは、どのようにしたらよいでしょうか。

なぜだろう? 保育者のギモン

今まで「あーあー」などの意味のない言葉を話していたのに、急に言葉が出てくるようになったのは、なぜなのでしょう?

お答えします! 解決の糸口

子どもが喃語をしゃべっている時期に、実生活において十分な応答的な関わりができていたからです。子どもの言葉に対し、しっかりとそのものの言葉を添えて伝えていたことが言葉の獲得へとつながったのです。

子ども

ワンワン

ワンワン、犬が
お散歩しているね

保育者

初語が出てきたら、必ずその言葉に、どういう動作をしているのかなどの言葉を添えて、子どもと会話をするようにします。

子どもの言葉に対して、「うんうん」とだけうなずいて、その場をやり過ごすことはやめましょう。

NG

言葉を添えて

Point

初めて発する意味のある言葉のことを初語と言います。初語が出てきたら、その動作に当たる言葉を足して、会話をしてあげるとよいでしょう。車が走っているのであれば、走っているという言葉を足して、「そうね、ブーブー、車が走っているね」と添えて伝えます。

正しい言葉も足して

このころの子どもは、構音機能が未発達のため、まだ正しい発音で言葉をしゃべることは難しい時期です。子どもがしゃべった言葉を受け入れつつ、正しい言葉も何気なく添えることによって正しい発音が徐々にできるようになっていきます。心がけて話してみるようにしましょう。

幼児語への接し方は？

幼児語とは、どのようなことでしょうか。それはどのような意義がありますか。

保育者

ご飯を食べましょうね

子ども

アムアム

なぜだろう？ 保育者のギモン

幼児語とは何でしょうか。
子どもにいつまで幼児語を使ったらよいのでしょうか。また、大人の言葉を覚えるのに悪影響はないでしょうか。

お答えします！ 解決の糸口

幼児語は子どもに分かりやすいようにと、大人が工夫して作り上げ、伝承してきた「言葉の離乳食」です。食べやすい言葉をたっぷりと与えて、コミュニケーションを取り合う楽しさを感じてもらえるようにしましょう。

保育者

メッ

※柳田国男は「メッ」を母が危険を知らせるために目を見るように伝える言葉だったと説いています。ここでは、その解釈をもとに記しています。

まず大切なのは、子どもとコミュニケーションをとり、しっかりと意味を伝えることです。保育者も幼児語を使ってコミュニケーションをとりましょう。特に命に関わるような危険な場面では、言葉の意味を伝える方が先決です。

無理に「アムアムじゃなくて、『ご飯』て言おうね」などと正しい言葉を教え込まず、まずは一緒に言葉の響きを楽しみましょう。

NG

言葉の成長を待つ姿勢が大切

Point

口の動き（アムアム、マンマ）や幼児語に含まれるオノマトペ（ワンワン、ブーブー）は身体に近く、言葉の感覚を豊かにする言葉が多く、子どもにとって、言葉が身近に感じられるようになります。幼児語を性急に大人の言葉に置き換えてしまうと、豊かな言葉の響きを楽しむ時期を奪ってしまうため、保育者には言葉の成長を待つ姿勢が大切です。

幼児語から新語作成へ

幼児語をたっぷりと味わった子どもが遊びの中で新しい名付けをすることに民俗学者の柳田國男は注目しています。たとえば鼓に似た花に鼓の擬音「タンポポ」と名付けたのは子どもでした。幼児語を受けて育った子どもが、日本語の語彙を増やす役割を担ってきたのです。子どもの名付けに耳を澄まし、感心する態度も保育者には必要です。

幼児音とは?

幼児音とはどのようなことでしょうか。それは、どのような意味がありますか。

子ども

アッパ

なぜだろう？ 保育者のギモン

幼児の生活における言葉の様相を見てみると、ときどき「ラッパ」を「アッパ」と言ったり、「花」を「アナ」と言ったりします。どうして、このような言葉を使うのでしょうか。

お答えします！
解決の糸口

幼児は、成人のような音声を出すことができません。
このころの幼児が発声する音声を「幼児音」といいます。成長とともに構音器官が発達し、正しい発音ができるようになっていきます。

OK

子ども

コエ、カチャ

これ、かさ、かさね。

保育者

近くにある傘を子どもが「カチャ」と言ったら、その言葉を優しく受け入れ、「そうね、カチャ、かさね」と正しい言葉をつけ足して、そのまま受け止めます。

子どもが幼児音を発したら、違いを指摘したり直させたりするのはやめましょう。

NG

音をつくる位置

幼児は、構音器官が未発達なため、発音をしたくてもうまく発音ができません。幼児が発した音をそのまま受け止め、正しい言葉を耳で聞かせてあげることが大切です。

幼児音の特色

幼児音の特色としては、発音しにくい「r」や「h」等の音が抜けたり、他の音に置きかえたり（サラ⇒タラ）、音の位置が変わったり（テレビ⇒テビレ）する場合があります。このことを知った上で、幼児の言葉をそのまま受け止めておくことが大切です。

「パパ」「ママ」から覚えるのはなぜ?

子どもが「パパ」「ママ」という言葉から覚えるのはどうしてでしょうか。「お父さん」「お母さん」と使うように促した方がよいでしょうか。

子ども

ママー、ママー!

保育者

お母さんがお迎えにきたね!

なぜだろう? 保育者のギモン

どうして「パパ」「ママ」という言葉から覚えるのでしょうか。「お父さん」「お母さん」という言葉を使わせた方がよいのでしょうか。

お答えします! 解決の糸口

授乳や食事のときの口の動きだからです。日本各地の幼児語方言でも母親に「マーマ」などが使われていました。中国語でも「マーマ」、古代には「パパ」と発音していました。

子ども

> チイちゃんねー、パパ、ママ、だーい好き！

パパもママも英語という以上に、もっとも基本的な授乳や食事の口の動きをなぞる言葉。発音しやすく、子どもにストレスのない言葉です。たっぷりと発音してもらい、子どもに言葉を使う楽しさを感じてもらいましょう。

「もうお姉さんなんだから、『お母さん』と言おうね」などと、無理に正しい言葉を使うように指導しなくてもかまいません。

> そう！　先生はねー、チイちゃんもだーい好き！

子ども

NG

人間関係をとりもつ言葉を大切に

親子の人間関係をとりもつ重要な言葉が「パパ」「ママ」です。この言葉には相手に対する思いやそれまでの経験によって蓄積した相手との思い出がたっぷりと詰まっています。現代では一生この言葉で過ごす人もいますし、児童期に子どもの方から呼び名を自主的に改める人もいます。この言葉を無理に矯正する必要はないでしょう。

Point

子どもの自発的な「言葉」の成長を待ちましょう

生まれてすぐの子どもは、世界をまだ文節化していません。世界を文節化するのは言葉の大切な役割です。その中に「パパ」「ママ」という言葉もあります。しかし「幼児語」も次第に大人の言葉に置き換わります。子ども一人一人の発達過程に合わせて、子どもの自発的な変化したいという思いに寄り添って対応したいものです。

Q8 子どもが保育者の言うことを聞かないときには？

言葉の準備期
1歳ごろ

最近、子どもが保育者の言うことを聞かなくなり、「イヤ」「ダメ」という言葉を出すようになりました。なぜ、このような言葉が出てくるのでしょうか。また、このようなときの接し方は、どのようにしたらよいでしょうか。

保育者

○○ちゃん、
お片付けしようか

子ども

イヤ！ ダメ！

なぜだろう？ 保育者のギモン

今まではとても素直に保育者の言うことを聞いていたのに、保育者の手を振りほどき、「イヤ！」「ダメ！」など、大人の手伝いを受け入れることを拒否します。なぜでしょうか。

お答えします！

解決の糸口

1歳を境に言葉が話せるようになり、自分の意志で少しずつ行動ができるようになると、自我が芽生えてきます。これは大人への反抗や拒絶ではなく、自分自身で思ったことをやりたいという意思の表れなので、見守りましょう。

保育者

そうね。嫌なのね。何が嫌だったか先生に教えてね

イヤ！ ダメ！

子ども

OK

子どもの思いを受け入れ、その上で、なぜ嫌なのか、理由を聞いてあげましょう。

「この前まではとってもよい子で先生の言うことを聞いていたのにどうしちゃったのかな。言うことを聞かない子は、もう先生は知りません！」と、突き放してしまうのはやめましょう。

NG

拒絶・否定と受け取らない

Point

1歳前後の時期は、自分の意志が出てくる第一反抗期の時期に当たります。発達段階を鑑みても、当然このような出来事が起きてくるのです。発達に必要なことだと考え、子どもを受け入れましょう。

自分の所有物にこだわる

今までは自分が使用していたブロック等を素直に貸していた子どもが、「貸してあげない！」と一人で抱えて独占しようとします。これは意地悪をしているのではなく、物をたくさんもつことで自己拡大をしていると言えます。「これは大事なものね」と、認めることが重要です。その上で他児にも貸せるようになるまで見守りましょう。

幼児語や幼児音が消えない子どもへの接し方は？

Q9

言葉の準備期
1歳ごろ

子どもが犬を見るといまだに「ワンワン」という幼児語や「おちゃたな、おいちそう」と言います。このような幼児音が消えない子どもに対して、どのように接し、正しい言葉に導いていけばよいのでしょうか。

子ども

ワンワン！

保育者

ワンワン、そうだね、犬だね

なぜだろう？ 保育者のギモン

子どもがたくさんの言葉を話すようになりました。ただ、いまだに犬を見ると「ワンワン」、ネコを見ると「ニャーニャー」という幼児語や「おちゃたな」という幼児音が消えません。どのように接したらよいのでしょうか。

お答えします！ 解決の糸口

無理に幼児音・幼児語を直そうとしても、直るものではありません。特に幼児音の場合は子どもの構音機能が未成熟のため起こります。その言葉を無理に言わせるのではなく、聞き流しながら正しい発音で返しましょう。

子ども

おちゃたなだね

子どもが言った言葉に対して正しい言葉をつけ足してあげましょう。

おちゃたなねぇ、おさかなね。
お水の中を泳いでいるね

保育者

子どもが幼児語を話している、その発音が可愛く聞こえてしまうため、「そうね、ニャンニャンね」と、同じように言葉を続けて使いがちですが、それでは幼児音はなおりにくくなります。

NG

子どもが言った言葉は受け入れる

Point

子どもが言った言葉に対しては、その言葉を必ず受け入れてあげましょう。受け入れることにより、発音に対してコンプレックスなく、積極的に話すことができます。たくさんの言葉を話していくうちに幼児語も消えていきます。

根気強く関わる

幼児音・幼児語はすぐに消えていくものではありません。子どもが発した言葉に対して、その言葉を受け入れつつ、正しい発音を必ずつけ足してあげましょう。その都度、根気強く正しい言葉をつけ足すことによって徐々に正しい発音ができるようになっていきます。

二語文を話し始めたら？

言葉の準備期
2歳ごろ

二語文を話し始めると、子どもがちょっと大人になったような気がしますね。成長を大きく感じられる一コマです。さあ、これから大人の会話への階段を一段ずつ上っていきます。どうしたら、うまく階段を上っていけるのでしょうか。

子ども

まんま、うしい（おいしい）

保育者

……

なぜだろう？ 保育者のギモン

一語文を話し始めてしばらくしてから、二語文らしき言葉を話し始めました。そんなとき、どのように関わっていけばよいのでしょうか。

お答えします！ 解決の糸口

子どもの言葉を正しい言葉でオウム返ししてみましょう。間違っていても気にしない。本格的な会話への入り口です。会話が楽しくなるようにしてあげてください。

子ども

あんあん、くぅ

保育者

わんわん、くるねぇ

一語文でも、へんてこりんな2語文でもなんでもいいので、子どもの言葉をたくさん拾ってあげて、二語文にして話してみましょう。

OK

「『く・ぅ』じゃなくて、『く・る』って言うんだよ。もう一度、言ってみようか」などと、無理に言い直させる必要はありません。

NG

Point

伝えたい気持ちを大切に

子どもは、自分の言葉が伝わったことを喜びます。伝える喜びを知れば、また伝えたいという気持ちになり、さらにいろいろなことを伝えたいと思うようになります。間違った発音や言葉でも気にせず、楽しく会話を続けましょう。子どもなりにちゃんと言っているつもりなのです。子どもの伝えたいという気持ちを大切にしてあげましょう。

構文や語彙を会話の中で

「まんま、おいしいね。」「まんま、ないね。」など「まんま」に続く言葉や、「パパ、いるね。」「まんま、あるね。」のように主語によって使い分ける言葉なども、会話の中に取り入れることによって、正しい構文や多くの語彙と触れられるようにしてあげましょう。

二語文を話すようにならないときは?

2歳後半になっても二語文を話しません。一語文が中心で、同じ言葉を2回繰り返して言うことがあります。もしかして……。こちらの言っていることはわかっているようで、ちゃんと理解して行動できています。

子ども

ボール。
おもちゃ

保護者

ボールで、あそびたいの?
おもちゃ、ほしいの?

なぜだろう? 保育者のギモン

ある程度の単語は知っていて、一語文は話します。こちらの話す言葉は理解できているようなのですが、なかなか2語文を話すようになりません。大丈夫でしょうか。

お答えします! 解決の糸口

こちらの言うことを理解できていて、言ったように行動できるのであれば、声に出して伝えられる言葉が少なくて、今まさに増やしているところだと考えられます。3歳くらいまでは気長に関わってみましょう。

子どもが伝えたいと思っていることを二語文でゆっくり言ってみてあげましょう。子どもは自分の気持ちが伝わっていることを喜び、自信がもて、それが2語文への足がかりになります。

「『ジュース、飲みたい』でしょ。ちゃんと、言ってみよう」などと、無理に言い直させる必要はありません。

言葉は個人差が……

Point

発達の目安として、多くの子どもが二語文を話せるようになる時期は2歳4か月くらいと言われています。しかし、言葉の発達に関しては、個人差がとても大きいため、日常的な言葉が理解できていて、周りの人や物に興味を示してあそべているようであれば、もう少し様子を見てみましょう。焦らない、焦らない。焦りは禁物です。

楽しい経験をしながら

いろいろなものを見たり触ったりしながら楽しい経験をする中で、たくさんの二語文を使ってお話ししてみましょう。
「ブーブ、早いねぇ」
「アイス、おいしいねぇ」
心の中に湧き上がった気持ちを思わず伝えたくなるような楽しいことをたくさん経験させてあげましょう。

どのような絵本を選べばいいの?

言葉の準備期
2歳ごろ

二語文の時期に与える絵本はどのようなものがよいでしょうか。

子ども

絵本、読んでよー

なぜだろう? 保育者のギモン

子どもたちが、絵本に興味や関心をもつようになりました。この時期には、どのような絵本を読み聞かせるとよいでしょうか。

お答えします!

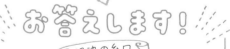
解決の糸口

短い文章と分かりやすいイラストの多い絵本で、想像力を伸ばす手助けになったり、感性を豊かにしたり、語彙力を豊かにしたりする絵本を選びましょう。また、親子のスキンシップに関する絵本も選ぶとよいでしょう。

子ども

> あ、金魚！

例えば、『きんぎょがにげた』（五味太郎／福音館書店出版）を読んでみましょう。

動物に関する絵本で、単調な繰り返しの表現があり、みんなで楽しむことができます。ページに隠れている金魚を子どもと一緒に、「金魚さんどこ」と言って探す楽しさがあります。飽きずに最後まで一生懸命探す子どもの姿を見守ってあげましょう。

この時期の子ども ―言葉の特徴―

言葉を使用することに関しては未熟ですが、2歳前後になると、語彙が日ごとに増加していきます。そして、読み聞かせの絵本を全て覚えてしまうのもこの時期です。目の前の絵をじっくり見ながら、耳からの言葉との相乗効果で、頭の中には想像がふくらんでいきます。

Point

絵本の例

①自分で何でもやりたがる子どもの気持ちに寄り添う絵本『おでかけのまえに』（作者／筒井 頼子、出版社／福音館書店）
②外遊びが大好きな子には『ぞうくんのさんぽ』（作者／なかの ひろたか、出版社／福音館書店）
③寝つきが悪い子には『ねないこだれだ』（作者／せな けいこ、出版社／福音館書店）

1・2歳児とのやりとりは？

この時期の子どものコミュニケーションの発達を支えるためにはどのようなやりとりが必要でしょうか。

子ども

電車だー！

保育者

……

なぜだろう？ 保育者のギモン

子どもたちの言葉は一方通行。コミュニケーションの発達を支えるためには保育者はどのように関わったらよいのでしょうか。

お答えします！

解決の糸口

1・2歳児のコミュニケーションは一方通行であったり、1対1だったりします。まずは、一人一人の気持ちや言葉を受け止める保育者が関わることで、相手の言葉を意識できるようにしていきましょう。

子ども

はやいねー

〇〇ちゃん。電車、早いね

保育者

子どもと一緒に電車を見ながら、一人一人の言葉を受けて「〇〇ちゃん……」と名前を添えて返答することによって、友だちに興味をもつようになっていきます。

「次は何を見に行こうか」「あっちに、お友達がいるね」など、子どもが興味をもっていることとは別なことを語りかけても、子どもは興味を示しません。

NG

まずは、子どもと一緒の視線で子どもの興味を受け止めて

子どもが何を見て、何を伝えようと思っているのか、何に気がついて心を動かしているのかを、子どもの視線に合わせた姿勢で見て感じましょう。このような行為の中から生まれる保育者の言葉は子どもの心に響きます。

Point

コミュニケーションは心をつなぐことから

楽しいこと、嬉しいこと、驚くこと等の感情体験を同じ場にいる友達と共有することで子どもたちの気持ちがつながっていきます。そこに、友達を意識できるようなきっかけを保育者がつくることで、子どもと子ども、子どもと保育者とのコミュニケーションが育まれていきます。

話したいことがあるけれど言葉がうまくでてこない子には？

子どもが話したいことがあるけれど、言葉が伴わず、言葉がうまく
出てこないときの接し方はどのようにしたらよいでしょう。

子ども

あのね、あのね……

保育者

うん。うん

なぜだろう？

保育者のギモン

子どもが話したいそぶりを見せて
いるのですが、言葉がうまく出て
こないようです。なぜ言葉が出て
こないのでしょうか。

お答えします！

解決の糸口

この時期の子どもは、語彙力が少
ないため、どのように言葉を発し
てよいか分からない場合がありま
す。そのようなときは、子どもの
言いたそうなことを想像しながら
言葉を引き出すことが大切です。

子ども

> あのね、あのね、これ、
> これ

子どもの言葉が出てくるのをゆっくり待つことも大切です。待ったうえで、言葉が出てこないようであれば言葉を発して聞きましょう。

> これね、スパゲティーはおいしいよね〇〇ちゃん、大好きよね

保育者

子どもの言葉を待たずして、その言葉を急かすような言葉をかけるのはなるべくやめる心がけを。「お話は何かな？　どうしたのかな？」などと言わないようにしましょう。

NG

子どものことをしっかり観察する

Point

子どもが今どのようなことを行っているのか、子どもが遊んでいる場面や食事をしている場面などをよく観察し、何を欲しているかを考え、言葉をかけて言いたいことを引き出すようにしましょう。

たくさんの言葉をかける

子どもの語彙力を伸ばすためには、日ごろからたくさんの言葉をかけてあげることが必要です。様々な場面で言葉をかけ、言葉とその物が結びつくように何度でも丁寧に言葉をかけるようにしましょう。

語彙に広がりをもたせるためには?

言葉の準備期
3歳ごろ

子どもの語彙を広げるためには、保育者はどのように関わればよいでしょうか?

保育者

> ほら、一緒に
> お話ししましょう

子ども

……

なぜだろう? 保育者のギモン

3歳までの言語環境が重要だと聞いたので、たくさん話しかけていますが、効果的な言葉かけができているのでしょうか。

お答えします!

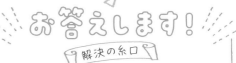

解決の糸口

子どもにとって、言葉の量だけでなく質も大切です。子どもが集中していることに対して言葉をかけ、子どもの反応を待つというような関わり方が効果的です。

OK

日常生活で使用する言語や会話には限度があるため、絵本などによって豊かな言語体験ができるようにしましょう。それぞれの場面にふさわしい言葉の意味を理解すると語彙も広がってきます。

語彙を増やそうと一方的・注入的に関わるのではなく、応答的なやりとりを心がけましょう。

NG

Point

初期の言語環境の重要性

　3歳ごろまでの言語環境はとても重要です。幼児期には語彙が爆発的に増加します。3歳後半には、約1500語ほどが使えるようになります。この時期にいかに関わるかが、その後の発達に大きな影響を与えます。

情報メディアの影響

　情報メディアとの過剰な接触が子どもの言語環境を脅かしています。スマートフォンなどの長時間の使用は乳幼児期に必要な実体験の機会を奪うことにつながります。また、テレビや動画は一方的なもので、人間との会話と比較すると少ししか学んでおらず、直接的な経験が伴っていないため、その言葉の深い意味を知ることはありません。

16

子どもの「なぜ?」「なんで?」への対応は?

様々なものに興味をもち、しつこく質問してきたり、同じことを何度も繰り返し質問してきたりしたときの対応はどのようにしたらよいでしょうか?

子ども

空はなんで青いの?

保育者

……

なぜだろう? 保育者のギモン

最近、答えるのが難しい質問や、質問の回答への質問を子どもがしてくるようになりました。科学的な説明が必要であったり、実はよくわからないこともあり、簡単には答えられず、どう対応したらよいかとまどっています。

お答えします! 解決の糸口

質問を重ねていくと、次第にその内容が深くなっていき、答えるのが難しくなっていきますが、丁寧な対応をしましょう。できるだけわかりやすく説明したり、子ども自身が回答を見出せたりするようにするとよいでしょう。

質問行動は、子どもの知的関心が高まり、対象に関する知識を深めようとする態度の表れであると言えます。質問攻めには、言葉を介した思考力の発展という意味があります。

「まだ小さいから説明してもわからないよ」などと、ごまかしてはいけません。できるだけ丁寧な対応が求められます。

NG

質問行動の変化

Point

２歳ごろは物について指さしなどをして盛んに質問します。３歳を過ぎると答えるのが難しい質問が増え、４・５歳では興味をもつ対象・範囲が拡大します。小学生になると質問行動は少なくなります。幼児期にこそ、十分な質問行動が大切です。

論理的思考力を高めるために

小学校以降の論理的思考力を育む土台となるのは、幼児期の質問行動です。「なぜ？」という問いは物事の因果関係を理解しようという意欲の表れであり、論理的思考力を高めます。絵本の読み聞かせなどにおいて、保育者から「なぜ？」と聞いてみるのもよいでしょう。

子ども同士のけんかが起きたときには？

言葉の準備期
3歳ごろ

3歳児になり、友だち同士のけんかが頻繁に起こるようになりました。このようなときの保育者の関わり方や言葉かけは、どのようにしたらよいでしょうか。

子ども

スコップが置いてあったよ。使ってみたら楽しいな

子ども

ぼくが使っていたのに！

なぜだろう？ 保育者のギモン

あそびの中で、最近けんかがよく起こります。悪気があるわけではないのですが、ちょっとしたことでトラブルになりがちです。どのように関わればよいでしょうか。

お答えします！ 解決の糸口

3歳児は生活に必要な言葉がある程度わかり、自分の思いを言葉で表現するようになってきますが、まだ子ども同士で十分なコミュニケーションがとれない場合もあります。保育者が仲立ちとなって、言葉の橋渡しをしましょう。

保育者

困ったね。
どうしたら、いいと思う？

もういらないと思って使ったけど、
聞いてから使うようにする

子ども

OK

思っていても言葉にできないことがあることを踏まえ、子どもの気持ちを代弁しつつ関わりましょう。個々の思いを受け止め、的確な言葉にしていくためには、日ごろから子どもたちの様子をよく観察しておくことが大切です。

仲立ちするといっても、保育者が全面的に前に出て解決していくのではありません。けんかは学びの大きなチャンスとなります。解決を急ぐのではなく、両者の声に耳を傾けましょう。

NG

Point

集団生活の中で
必要となる言葉

集団生活の中で必要となる言葉がまだわからない子どももいます。例えば、「順番」という言葉になじみがない子どももいるかもしれません。その意味は、日々の生活の同じような状況の中で、繰り返しその言葉を聞くことで、少しずつわかってきます。繰り返し丁寧な言葉がけをしていきましょう。

子ども自身が考えることが
できるような言葉をかける

保育者の言葉を聞いて、どのような話し方をすれば相手に伝わるのか学ぶことができます。因果関係なども言葉にしていくことで、子どもが自分でどうしていったらよいのかを考えるきっかけになります。

あいさつが苦手な子どもへの対応は?

Q 18

朝、登園してきたときや、帰りの会、昼食のときなど、あいさつをしない子どもがいます。どのように対応したらよいでしょうか?

子ども

……

保育者

ちゃんとあいさつしなきゃ
だめでしょ！

なぜだろう？ 保育者のギモン

あいさつをしない子がいます。あいさつは大事なマナーなので、しっかりと身につけさせたいと思っていますが、あいさつをしない子どもには、どのように対応したらよいのでしょうか。

お答えします！

解決の糸口

保育者がモデルとなって、率先して親しくあいさつをしていくことで、子どもはこの心地よさを感じ、自らあいさつしようという意欲をもつようになるでしょう。

保育者

おはようございます

おはようございます

子ども

単なる形式的なマナーとしてのあいさつではなく、大事なことは言葉に込められた心です。心の込もったあいさつを子どもが体験することがまず大切です。

あいさつをしない子どもに対して、無理矢理ルールやマナーとして、あいさつを形式的に行えるようにと教え込むのは、子どもにとってあいさつを喜んでするようになることを妨げかねません。

NG

あいさつは習慣

Point

あいさつは人とつながる言葉

あいさつは習慣ですので、1日で急にできるようにはなりません。保育者からの温かいあいさつで心地よさを感じ、あいさつの大切さを理解すると、自然とあいさつをすることができるようになるでしょう。長い目で見守ることも必要です。あいさつの習慣づくりを心がけましょう。

子どもはあいさつを通して、人間関係のつくり方を学んでいきます。あいさつは、よりよい人間関係を構築したり、コミュニケーションのきっかけとなったりすることにも気付いていけるように支援しましょう。あいさつによって、人とつながることに喜びを感じられるように関わりたいものです。

自分から話したがらない子どもへの対応は?

Q 4歳児を受けもったときに、なかなか自分から話をしない子どもがいました。この場合の子どもへの指導はどのようにしたらよいでしょうか。

保育者

○○ちゃん、おはよう!

子ども

……

なぜだろう? 保育者のギモン

家ではよくおしゃべりをするそうですが、登園をしてくると黙ってしまい、おしゃべりをしなくなってしまう子どもがいます。なぜでしょうか。

お答えします! 解決の糸口

入園当初は環境の変化などで園になかなか馴染めないというように、緊張感が続いている子どもがいます。無理に話をさせるような対応はせず、あいさつをしたり話しかけたりはするけれど、決して返事の強要はしないようにしましょう。

 子ども

犬が好きなの

子どもの言葉を待つのではなく、保育者自ら子どもに対して進んであいさつをしたりして言葉をかけましょう。

先生も犬は大好きなんだ！　○○ちゃんと一緒ね！

保育者

「仮面ライダーってかっこいいね！　どんな仮面ライダーが好きなの？」「これかな？　これかな？」としつこく聞いて答えを求めるのもやめましょう！

NG

OK

Point

信頼関係を築く

様々な言葉かけを行い、子どもと会話をします（会話といっても答えを求めるのではなく、こちらから優しく話しかけます）。子どもが心を開いてきたら、子どもの要求するものを理解し、それに答えてあげるようにしましょう。子どもの気持ちが開かれてくれば近づいてきたり、話しかけてきたり、自然に保育者に意識が向いてきます。

保護者との連携も重要

言葉があまり出てこないようであれば、専門機関との関わりが重要になる場合もあります。学童期に入ってようやく周囲の子どもたちとの関わりの中で言葉の未熟さに気付き、専門機関に行くというケースもあります。心を開いて話すことのできない子どもの対応を周囲の大人が真剣に考える必要がある場合もあります。

わざと乱暴な言葉を話す子への対応は?

言葉の準備期
4歳ごろ

わざと乱暴な言葉を話し、面白がる子どもがいます。どのように対応したらよいでしょう?

子ども

ここは、私たちが
使っているんだぞ!

子ども

あっちへ行け

なぜだろう? 保育者のギモン

わざと乱暴な言葉を話す子どもへの指導や対応はどのようにしたらよいでしょうか。

お答えします! 解決の糸口

自分たちが大きくなったことが嬉しく、それを周りに伝えたくてこのような言い方をしているのでしょう。子どもの気持ちを受け止めつつ、理想の姿を伝えましょう。

OK

保育者

> お兄さん・お姉さんは、優しく
> できる人のことを言うんだよ

「先生は、みんなが強くてかっこいいことをよく知っているよ」「もっと、優しく話ができると、優しくてかっこいいと思うと思うよ。怖い言い方は、嫌な気持ちにさせるよね。」と理想的な姿を教えましょう。

「そんな言い方をしてはいけません。一緒に使いましょう」とその行為をすべて否定するのは避けましょう。

NG

大きくなって嬉しい気持ちを 受け止める

自分たちが大きくなってきていることが嬉しい4歳児によく見られる様子です。言葉の裏側にある、子どもの気持ちを見つめてみましょう。保育者が気持ちを受け止めることで、子どもの心が安定し、穏やかな言葉を使うようになります。

Point

すぐには矯正できませんが、相手の気持ちに 気がつく機会にしていきましょう

友だちや相手の気持ちを、想像できるようになってくる時期です。「この言葉を聞いたら、相手はどのように思うか」と疑問符を投げかけることで、相手への理解や意識が高められていきます。機会を捉えて、積極的に関わりましょう。

発達に適した言葉あそびは?

保育の中で、この時期の言葉あそびとして適切なものはどのようなことでしょうか。言葉の発達を鑑みて教えてください。

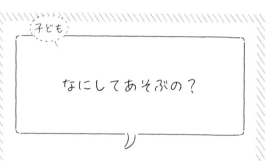

子ども

なにしてあそぶの？

なぜだろう？ 保育者のギモン

発達に応じて教えることは何ですか。何をすると言葉が育つのですか。

お答えします！ 解決の糸口

子どもはあそびや生活の中で言葉の楽しさや使い方を知っていきます。教えるということではなく、たくさんの言葉に触れたり言葉を使うことを楽しんだりする経験を増やすことが大切です。

保育者

今日の探検は、きいろいもの探しです。
よーく見て発見しようね

スコップ！
きいろい　ボール　発見！

子ども

保育者がモデルになって、形容詞の使い方をあそびながら知らせています。保育者の言葉や言葉のリズムを子どもたちは自然に聞いて真似して身につけます。

「発見したら、『きいろい○○』と言いましょう」
「必ず、『きいろい』の言葉をつけてね」と話型の指定をするとあそびの楽しさが半減し、トレーニングになってしまいます。

NG

子どもの興味に応じて工夫する

Point

4歳児になると、いろいろな言葉を組み合わせて使うことができるようになってきます。言葉あそびでは、言葉のリズム・言葉の種類・言葉の使い方を体全体で感じて楽しむことができるように子どもの興味に応じて工夫していくことが大切です。

教えることよりも楽しさの中を知らせる

この言葉あそびは、形容詞を使う経験をすることも目的にしています。しかし、形容詞の使い方を知らせるのではなく、あそびの中で使う経験をすることで言葉を使う楽しさが増すようにしています。

言葉の間違いへの対応は？

22

子どもが間違った言葉の使い方をしているときには、どのようにしたらよいでしょう。

子ども

つくした

なぜだろう？　保育者のギモン

言い間違いは、その場で矯正をした方がよいのでしょうか。

お答えします！

解決の糸口

言い間違えの原因は明らかになってはいませんが、成長発達の過程で自然に矯正されていきます。

子ども

つくした

子どもが言いたい言葉を正しい言い方で反復して、正しい言葉を聞くことができるようにしましょう。

靴下をはいているのね

保育者

「『つくした』じゃなくて『くつした』でしょ！」と違いを指摘すると、話したいという意欲が損なわれることがありますから、違いを指摘することは避けましょう。

NG

言葉の正しさよりも気持ちを受け止めて

Point

言葉を使って自分の気持ちや伝えたいことを相手に伝えることが嬉しい時期です。言葉の間違いは、たくさんの会話の中でいつの間にか矯正されていきますから、まずは、気持ちを受け止めましょう。

発達の様子を見ながら慎重に対応

4・5歳になると、言い誤りは少なくなりますが、言い誤りの数が減らない・増えるというときには、何か原因があるのかもしれません。その場合にも、間違えを指摘することは子どもの自尊心を傷つけることになります。専門の機関に相談をするとよいでしょう。

自分の話ばかりする子への対応は?

言葉の準備期
4歳ごろ

自分の話ばかり伝えようとする子には、どのようにすればよいでしょうか。

子ども

先生、今日ボールで遊んでいたら、道路の方にボールが出たんだ。そしたら、お兄さんがとってくれたら、ありがとうって言ったら……。それから……。

子ども

先生、私も……

なぜだろう？
保育者のギモン

ほかの子どもにも、話をする機会をつくりたいと思ってはいるのですが、F児は自分の話をすることが多くなってしまいます。どうして自分の話をやめないのでしょうか。

お答えします！
解決の糸口

F児くんは、先生を独占したいのではないでしょうか。F児の話をほかの場面で聞いたり、F児の気持ちを受け止めたりすることで、気持ちを満たすことが大切です。

（保育者）
そうだったのね。今度は、一緒に遊んで
いろいろと話を聞かせてもらいたいな。

わかったよ！

（子ども）

F児の話は遮らずに最後まで聞
きます。そのうえで、保育者は
F児の気持ちを受け止めて安心
できる言葉がけをします。

「ほかの友達の話を聞きま
しょう」「自分ばかりが話
をするのはいけません」と
行動を止めると、保育者と
の信頼関係を築くことがで
きません。

聴く姿勢の大切さを
知らせる機会に

Point

保育者が話を遮ると子どもも話を遮るよう
になります。F児ばかりが話していると思
っても、まずは話をきちんと聞いてあげま
しょう。その様子をほかの子が観ることで、
聞くことの大切さを感じるようになってい
きます。そして、必ずほかの子の話を聞く
機会もつくりましょう。

関わり方を
見直す機会に

F児のような子のことを肯定的に受け止め
ているでしょうか。家庭での様子はどうで
しょうか。子どもが話を聞いてほしいと思
う背景を捉えていくことが大切です。子ど
もとたっぷり遊んで「楽しかったね」とほ
かの言葉がなくても共感できる時間をつく
ることも一つの方法です。

児童文化財の役割とは？

絵本や紙芝居、エプロンシアター、パネルシアターなどの児童文化財はどのような役割を果たしているのでしょうか。

保育者

ぼくらのなまえはぐりとぐら
この世で一番好きなのは……

子ども

ぼく、ヒーローマンが好き！

なぜだろう？ 保育者のギモン

子どもにとっては、テレビやアニメの方が身近です。絵本や紙芝居などの児童文化財はおうちで見るテレビなどと、どのように違うのでしょうか？

お答えします！ 解決の糸口

児童文化財は子どもと保育者との人間関係をつなぐ大切な役割を果たします。また、子どもは児童文化を子ども文化に変換する工夫もして楽しみます。

保育者

ヒーローマンが好きなのね。

ぼく、ヒーローマンが好き！

子ども

絵本に夢中に見入っている子どもは、大人の期待とは異なる空想の世界に入り込むこともあります。まずはよく見守り、子どもの創造力を受け入れてあげましょう。

「いまはこの絵本を読んでいるのだから、ほかのことを考えてはだめ」と子どもの自由な創造力を禁じるのではなく、まずは子どもの創造力に寄り添ってあげましょう。

NG

人と人との架け橋となります

Point

児童文化財は、保育者やまわりの子どもと気持ちを通い合わせる架け橋です。保育者は絵本や紙芝居を熟知して、それらを繰りながら子どもと心を通い合わせる気配りが大切です。すぐれた児童文化財は、子どもの創造力を呼び起こし、長く心の底に残ります。

児童文化と子ども文化

大人が与える「児童文化」の一方で子ども自身の「子ども文化」があります。子どもは自分の創造力を働かせて児童文化を子ども文化に作り替えることがありますが、それを野卑だと全て禁止すると子どもの自発性を奪うことにもなってしまいます。

ほかの子どもの言い間違いを指摘する子への対応は?

言葉の準備期
5歳ごろ

正しい言葉を話している子が、間違った言葉を使った子どもの言葉を指摘するようなことがあります。その子どもに対しての対応はどのようにしたらよいのでしょうか。

なぜだろう? 保育者のギモン

「指摘してくれる子の気づきも否定できないし……」
二人への対応はどのようにすればよいのでしょうか。

 子ども

> ボカチャのすう、大好き

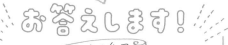

子ども

> ボカチャじゃなくて
> か・ぼ・ちゃ

お答えします!

解決の糸口

子どもの言い違えは発達と共に消えていきますから訂正をせずに、二人の気持ちに目を向けていきましょう。二人の思いが否定されないような言葉を見つける必要があります。

保育者

〇〇ちゃんはカボチャのスープがだいすきのだよね。
△△ちゃん、今日はカボチャのスープ熱いかな

熱いから、フーフーだよね

子ども

保育者は、言い間違えた子の気持ちを受け止めて、正しい言葉が耳に入るようにします。一方で指摘する行為に優越感を感じている子には、そこから意識が逸れるように語りかけをします。

「そうね。△△ちゃんの言う通りカボチャスープですね」と指摘した子の行為を肯定すると、その子は指摘をすることに嬉しさや価値を感じるようになります。

それぞれの気持ちを想像しながら、言葉を選ぶ

Point

指摘された子は、指摘にどれくらい反応をしているだろうか。子どもの表情や言動を見ながら察して、相手の言葉によって嫌な思いをしないように保育者がフォローすることが大切です。また、指摘した子の得意な思いも大切にしながら、一人一人を否定しない言葉を選んで対応をすることが大切です。

気持ちを切り替える言葉も有効

低年齢の子どもたちの言葉にはそれほど深い意味が込められていないことも多くあります。「だた、言ってみたかった……」ということも。何が悪いかなどと追求しすぎずに興味の方向を転換するようなきっかけとなる言葉を保育者が発することも大切です

友だちの話を聞けず、立ち歩く子どもへの対応は？

言葉の準備期
5歳ごろ

園において成熟期の子どもが、保育者や友だちの話を聞けず、ふらふら立ち歩いたりします。この場合の指導や対応はどのようにしたらよいでしょうか。

子ども

昨日、お父さんと遊園地に行きました

子ども

……

なぜだろう？ 保育者のギモン

友だちが一生懸命に話をしているのにもかかわらず、歩き回ったり、ふざけ合ったり、すぐに飽きてしまったりする子どもがいるのはなぜでしょう？

お答えします！
解決の糸口

それまでの生活環境や生活の経験が不足していたと考えられます。家庭との連絡を密にとりながら、まずはその子どもの話を聞いてあげるようにしましょう。

子ども

あのね、今日ね、〇〇ちゃんがね、面白いんだよ

話を聞けない子どもが話しているときには、子どもの目を見てしっかりと最後まで話を聞いてあげるようにしましょう。

うんうん、〇〇ちゃんがどうしたの？楽しそうな話ね。たくさん聞かせて

保育者

子どもが一生懸命話しているのにもかかわらず、いい加減な返事をしたり、聞いているふりをするような行為は極力行わないようにしましょう。

NG

Point

丁寧に接しましょう

友だちの話を聞けないということは、自分自身の話も聞いてもらえていないという状況があると言えます。子どもの話にじっくりと耳を傾け、その話の内容に対して質問をしたり、あいづちを打ってあげるなどして、しっかりと聞いているということを印象づけましょう。

家庭との連携を大切に

落ち着いて話が聞けないということは、保育者のみならず、家庭での両親の接し方にも問題があると思われます。家庭との連携をとり、子どもの話や何かを行うときには集中して取り組めるような環境をつくってあげるようにアドバイスをしましょう。

OK

上げ足をとる子への対応は?

言葉の準備期
5歳ごろ

子どもがいろいろな場面で上げ足をとるときには、どのようにしたらよいでしょうか。

子ども

Aちゃんが片づけするのを
みんな待っているよ

子ども

みんなって、だれ。C君だっ
てまだあそんでいますから、
みんなではありません!

なぜだろう? 保育者のギモン

A児は相手の言っていることを、どうして素直に受け取ることができないのでしょうか。

お答えします! 解決の糸口

周りの様々な状況が理解できるようになってきているのですが、心のよりどころがなく不安な気持ちが、上げ足をとるという攻撃的な行動になっているのでしょう。

（保育者）

まあ、Aちゃんはよく見ているのね。…もっと遊びたいけれど仕方ないね

A児の気づきを認めながら、あそびたいという気持ちを受け止めます。自分の気持ちや行動を受けて止めてもらうことで、気持ちが満たされていきます。

「そんな言い方するとBちゃんが嫌な気持ちするからいけません」と否定をすると不満や不安が増してますます上げ足をとることが多くなります。

NG

また明日、続きができるようにしようね。Bちゃんは、Aちゃんを待っているのよね

（保育者）

OK

不安な気持ちを保育者が受け止める

Point

上げ足をとることことがよいことか悪いことかを考えさせるのではなく、自分にとって上げ足をとることはプラスにならないことを応答の中で感じ取ることができるようにします。保育者はA児もB児も肯定する言葉で応答し、気持ちを受け止めます。

優しい言葉や安心する言葉のシャワーで包み込む

不安や不満が心の中を渦巻いているA児です。保育者が丸ごと受け止めて、肯定する言葉の気持ちよさを十分に味わうことができるようにしていきます。気持ちが安定すると、上げ足をとろうとする気持ちは生まれません。

Q28 子どもがぶつぶつつぶやいているのはなぜですか？

この時期の子どもは何かを一生懸命しているときなどに、ぶつぶつとつぶやいていることがあります。なぜでしょう。

子ども

えーと、こうしてあ〜して、ここにかさねて

なぜだろう？ 保育者のギモン

何かに一生懸命になっているときや、子どもなりの課題にぶつかったときなどによくぶつぶつと独り言をつぶやいています。なぜでしょう。

お答えします！ 解決の糸口

これは言葉をつぶやくことによって自分の思考や行動などのチェックをしたり、リハーサルのようなことを行ったりするのと同じ働きをしているのです。なので、心配をする必要は全くありません。

子ども

ここはこうでしょう。あとは
さっきのを重ねて……

ぶつぶつ独り言を言っている時
には、子どもが思考を巡らせて
いると考え、そっと見守ってあ
げましょう。

ぶつぶつ言っていることに
対して、言葉をかけるよう
なことはしないようにしま
しょう。子どもの集中力と
思考力が養われている瞬間
です。

NG

思考の手段としての言葉

子どもは何かをするときに、ぶつぶつと言
葉に出すことにより、頭の中で整理をして
いると考えられています。このことを「内
言」と呼んでいます。内言は言葉を豊かに
するもとをつくりますから、この姿を大切
にしましょう。

Point

自立性の確立

子ども自身の言葉が頭の中で行動をコント
ロールできるようになること、自分の意志
で行動の仕方を決めるという自立性の確立
に密接な関係があります。自分で考えて納
得することができるように関わっていくこ
とが大切です。

29 集まった場所で話を聞かないのはなぜ?

言葉の準備期
5歳ごろ

5歳児クラスです。集まったときに子どもが話を聞きません。どのようにしたらよいでしょうか。

（保育者）

大切なお話があります

なぜだろう？ 保育者のギモン

大切な話をしようと子どもを集めると、ふざけたり話したりして話を聞いてくれません。なぜでしょう。

お答えします！

解決の糸口

話を聞いてくれない場合はいきなり話し始めるのではなく、子どもたちが興味を示していた話をしたり、最近はやっている手あそびなどを行ったりして、集中できるような工夫をしてあげましょう。「聞く」気持ち、体制を整えます。

OK

（保育者）

来週の遠足は、
どこに行くか知っていますか？

あ！　知ってるよ！

（子ども）

子どもの話を聞いてあげることで、話を聞いてもらう大切さが理解できるようになります。同時に人の話を聞くことの大切さがわかってきます。

立ち歩いている子どもに対して、頭から叱るようなことはしないようにしましょう。あそびの後で興奮していて気持ちが落ち着かない場合も考えられます。

NG

丁寧に対応すること

Point

話を聞けない子どもには、しっかり目を見て、丁寧に対応しましょう。特にそのような子どもが話をしているときにはじっくり関わって話すこと、聞くことの楽しさを味わわせてあげましょう。それにより人の話を聞くことの大切さを実感することができるようになります。

小さい時の経験を大切に

5歳になるまでの「聞く」という経験が不足していることが考えられます。逆に自分の話を聞いてもらえなかったということも。ですので子どもが話したい欲求があるときには、よく話を聞いてあげ、内容について一緒に話してあげるようにしましょう。

人前で話せない子への対応は?

みんなの前で話をすることを恥ずかしがる子には、どのように対応したらよいでしょうか。

保育者

今日はCくんが、夏休みに面白かったことを話す番です。
Cくん、どうぞ

子ども

……

なぜだろう？ 保育者のギモン

普段は、いろいろなことを友だちと話しているC児ですが、人前で話すことが苦手です。何が原因なのでしょうか。

お答えします！ 解決の糸口

クラスの友だちの前で話をするには、複数の人に話を伝えるという意識をもつ必要があります。あそびや生活の中で会話とは違った意識やスキルが必要になります。

保育者

> Cくんはどこに行きましたか。
> 誰といったの？

子ども

> 家族で海に行ったよ！

話のきっかけをつくったり、何を話すとよいかをさりげなく知らせたりすることで、話し方が分かり、伝えることができるようになります。

> 「いつ、どこで、なにをしたかが分かるように自分で考えてみんなに話してください」と指定された内容を話すことは難しいと感じる子どもがいます。

Point

話しやすいように保育者がリードする

自分から組み立てて話を進めることは幼児には難しいことです。ですから何から話すかを伝えたり、何を伝えたいのかを幼児から聞いたりすることで、話したいことが自然に表現できるようにサポートします。

一人一人に応じたサポートをする

どの子も同じ条件で話さなければならないという決まりはありません。ここで子どもが経験をすることは「自分なりに表現をして伝えることの喜び」です。そのために、この子にはどこまでサポートが必要かということを考えることが大切です。

相手の心を傷つける言葉を言ったら？

Q31

子どもが相手の心を傷つけるようなことを言ったときには、どのようにしたらよいでしょうか。

子ども

ちび！　デブ！

なぜだろう？　保育者のギモン

日ごろのあそびの中で相手のことを「お前、きもいな！」「デブ」「ブタ」など、心を傷つける言葉を平気で言います。なぜでしょう。

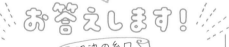

お答えします！

解決の糸口

子どもは相手の心を傷つけているとは知らずに、言葉のリズムや響きの面白さから相手に言っている場合があります。子どもにはその言葉はどのような意味であるかを丁寧に説明して理解させるようにしましょう。

子ども

デブ！

○○くんがデブって言われたら
どんな気持ちがする？

保育者

子どもが成長をしていく中で、心を傷つける言葉に対して無理に押さえつけるのではなく、柔軟に対応し、ほかの言葉に置き換えられるものは置き換えるなどしてみましょう。

「なぜ、そのような言葉を言ったの？　そんなことを言ってはダメでしょう！」と、理由も聞かずに否定してしまうことはできるだけ言わないようにしましょう。

家庭環境を配慮した対応を

子どもが相手に対し、傷つける言葉を発する場合、その子どもの家庭環境を十分配慮する必要があります。兄弟がいるのか、両親がその子どもに対して乱暴な言葉を使用していないかを知ることが大切です。家庭の中でそのような言葉が使用されている場合にはご家庭の方々にも協力をしてもらい、穏やかな言葉を日常的に使用してもらいます。

Point

相手を傷つける言葉であることを自覚させましょう

嫌な言葉を使用することで、相手が傷つくことをその都度教えましょう。そのことにより、子どもに言ってよい言葉とそうでない言葉があるのだと自覚させ、徐々に傷つける言葉を減らしていきます。自分が言われたらどう思うのかを考えさせるヒントを挙げましょう。

吃音傾向のある子どもへの接し方は?

Q32

吃音傾向のある子どもへの接し方は、どのようにしたらよいでしょう。大人の言語環境をどのようにしたらよいでしょうか。

> **子ども**
>
> い・い・い・いぬが

保育者

……

なぜだろう? 〔保育者のギモン〕

言葉のしゃべり初めにどもりがあります。このような子どもには、どのように接したらよいのでしょう?

お答えします! 〔解決の糸口〕

言葉が出てくるまでゆっくり待ちます。決して急かすことをしたり、直そうとしてはいけません。待ってあげましょう。ほとんどの子どもが、幼児期に自然に治ると言われているので、ゆっくり話すことを心がけましょう。

子ども

> きょ・きょう・きょうね、
> たんぽぽが咲いていたんだ

> そうなんだ。たんぽぽが咲いていた
> んだね。黄色い色をしていたでしょう

保育者

話すことに自信がもてるように、子どもの話を最後まで聞いてあげましょう。自分も話せるんだという気持ちをもたせてあげると、安心して言葉を話せるようになります。

大人が早口で話したり、子どもの吃音に対して叱責したり、その言葉自体を言い直しをさせたりすることは避けましょう。

Point

保育者もゆっくりと余裕を もって話す

保育者はこのような子どもに対して、子どもに「ゆっくり話そうね」と言うだけではなく、自身もゆっくり話すことを心がけましょう。みんながゆっくり話し、じっくり聞く環境を整えましょう。

ほかの子どもに対して ごまかさないようにする

ここで重要なのは、子どもは素直であるため、吃音の子どもに対し、親切に直してあげる子がいます。このような子どもに対しては、ありのままを話し、ゆっくり聞いてあげるように伝えましょう。

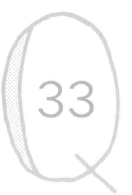

伝えたいという意欲が出てきたときには?

言葉の準備期
5歳ごろ

この時期になると話をすることがとても上手になってきます。相手のよいところに気がついたり捉え直したりするには、保育の中でどのような場を設けて指導することが必要でしょうか。

子ども

先生、お休みの日に島に行ってきたよ

保育者

そうなの?　楽しかった?
皆の前でお話しようか

なぜだろう？ 保育者のギモン

話をすることがとても上手で、休みの日などに家族で出かけたことを伝えに来る子どもが増えてきています。どのような場を設ければよいでしょうか。

お答えします！

解決の糸口

この時期の子どもは、先生や友達に自分が体験した出来事を伝えたい気持ちが旺盛になってきます。この場合は、保育時間の中で発表する場をつくり、話す機会を設けましょう。

子ども

お休みの日に、家族で船に乗って
島へ行きました

うんうん

保育者

子どもの話したいという思いを察したときには、その日のうちに人前で話す機会を設けるとよいでしょう。そのタイミングを逃さないように子どもたちの想いを汲みとって場を設けましょう。

子どもが話したいと思ったタイミングをなるべく逃さないようにしましょう。後回しにしてしまうと、子どもが話したいという気持ちがそがれてしまいます。

この時期は人前で発表することが重要

Point

この時期になると、小学校との連携も考えなければなりません。そのためにも子どもが話をしたいという欲求があるのであれば、その場を設けて人前で話す経験をさせましょう。それにより人に伝えるということがどのようなものなのかを理解することができます。

話すだけではなく、聞くことも

子どもが人前で話す機会を設けることによって、その話を聞くことも大切です。人の話をよく聞くことによって話すことの要領も学ぶことができます。

みんなで楽しめる言葉あそびの工夫は?

言葉の準備期
5歳ごろ

保育の中でしりとりあそびをしたいと思います。みんなで楽しむことができるようにするには、どのように進めるとよいのでしょうか。

保育者

グループの友だちとしりとりをしましょう

子ども

ねこ

なぜだろう?　保育者のギモン

子どもにとってのしりとりあそびの楽しさはどこにあるのでしょうか。とても楽しそうにしている子もいれば、つまらなそうにしている子もいます。

お答えします!　解決の糸口

子どものあそびは、目的なく楽しんでいることがほとんどです。しりとりあそびも言葉をつないでいくことが面白いのでしょう。その結果として、試行錯誤して様々な想像力を働かせて言葉を考えることを経験します。

保育者

グループの友だちと力を合わせてできるだけ長く続けましょう。
同じ言葉を2回使ってもいいことにしてあるよね

おもしろそう！

子ども

OK

子どもがあそびやすい人数にしたり、長く続けるという目的を知らせたりすることで、挑戦したいという気持ちを高め、あそびを一層楽しくさせます。

楽しくなりそうだからと言って安易に競わせたりチャンピオンの指名をしたりするのは、一部の子どもの喜びにしかならず、ストレスを感じさせてしまいます。

NG

発達に合わせて、楽しい雰囲気をつくりながらあそび方を知らせる

Point

例えば「♪こぶた　たぬき　きつね　ねこ」と歌いながら、しりとりの意味を文字や音で知らせていきます。一人一人の文字の認識についても確かめることも必要です。クラスの一人一人の幼児が、しりとりの仕組みや楽しさがわかってから、学級全体やグループのあそびとして取り入れていきます。

一人一人が楽しいと感じるルールをつくる

語彙の増え方や言葉を使ってあそぶ力量は個人差があります。5歳児でも、しりとりあそびを難しく感じる子どももいます。ここでの目的は「生活の中で言葉の楽しさや美しさに気づく」ことにあります。無理なく参加して言葉を使って遊ぶことを楽しむことができれば、本来のルールに縛られる必要はありません。

文字への興味・関心をもたせるには?

言葉の準備期
5歳ごろ

子どもが文字に興味や関心をもつようにするには、どのようにしたらよいでしょうか。

保育者

> ねえ、これは
> 何と読むのかな？

子ども

> ……

友だちと話をすることには楽しんでいるのに、どうして文字には興味・関心をもてないのでしょうか。

友だちと楽しく話をすることはよいことです。子どもが文字に興味・関心をもてるように大人が紙芝居や絵本を読んであげることが大切です。

保育者

これは、何かな？
○○のお話を聞いてね

子どもの興味・関心、発達、時期など、適した紙芝居や絵本などを保育者が情感を込めて読み聞かせることによって子どもの感性や情緒が育まれていきます。

「これは、何と読むのかな？」「先生の後に声を出して一緒に読んでみて」と、無理に教え込まず、自然に親しめる環境をつくりましょう。

NG

感性を養うことを大切に

文字による表現は大切な表現手段です。しかし、幼児期には自由に自分の感性が表現できる身体表現や描画表現などの活動を十分に行い、何より感性を養うことが大切です。

文字に親しむ機会を増やす

文字については、「あいうえお」などの文字を順に読んだり書いたりすることを教え込むのではなく、発達に即した紙芝居や絵本の読み聞かせなどによって文字に親しむ機会を増やすことが大切です。

Q 36

文字に興味を示さない子どもの対応は?

5歳児の保護者から、文字を書こうとしないと相談を受けました。どのように対応したらよいでしょうか。

子ども

私の名前のみかの「み」はこうでしょう?

子ども

……

なぜだろう？ 保育者のギモン

友だちが文字を書き始めましたが、まだ文字に興味がないのか、文字を書こうとしません。保護者も心配しています。なぜでしょう。

お答えします！ 解決の糸口

多くの子どもは自分の名前に興味を示すことがきっかけとなって、その名前の文字を覚えていきます。まだ、文字よりもほかのものに興味があるときにはそちらに意識がいくのが当然です。もう少し待ってあげましょう。

保育者

園でカルタあそびをして、
楽しそうに文字を読んでいましたよ

カルタ！

OK

家庭のみならず園でも絵本を読んだりカルタあそびをするなどし、自然に文字に触れさせるようにしましょう。

無理やり文字を書かせることは興味のない子どもにとっては苦痛でしかありません。

NG

文字に興味をもてる環境

Point

5歳児になると文字に興味をもつ子どもが増えてくるため、その環境を整えることによって今まで興味のなかった子どもにも関心が出てくるようになります。カルタをつくったり、紙芝居を作成したりするなど、文字を書ける子どもには文字を書かせ、絵を描く子どもは絵を描くなどして分担する中で、文字にも興味をもつようになります。

文字に興味をもつ時期には個人差がある

文字に興味をもつ時期には個人差があります。それぞれの子どもが置かれた環境によっても違いが出てきます。無理強いせずに子どもが文字に興味をもち始めたタイミングを見計らって、名前の文字を見せるなどし、文字が生活の中で必要であることに気づかせるようにしていきます。

37

文字に興味や関心をもたせる環境構成とは?

子どもが文字に興味や関心をもつような環境を構成するにはどのようにしたらよいでしょう。

保育者

どうしたら文字に
興味をもってくれるの
だろうか?

子ども

楽しいねー

なぜだろう? 保育者のギモン

幼児が文字に対する興味や関心をもち、文字に関わる体験を豊かにするための文字環境は、どのようにすればよいでしょうか。

お答えします!

解決の糸口

幼稚園、玄関、クラスの入り口、クラス内等に平仮名(絵)でその名称を書いておきましょう。
例えば、クラス名が「うさぎ」であれば、うさぎのイラストとともに平仮名での表示も掲示します。

きつねのイラストを見て、「キ」「ツ」「ネ」に相当する文字を探します。身近なクラスの中で探し、文字の一つ一つの音とその文字の形とを一致させます。

文字の形や音に興味や関心をもたせることは、とても大事です。興味をもった文字を使ったら、言葉あそびを行い、その意味に気づかせることです。こうして、文字の形・音・意味の語体系を身につけることができます。

（保育者）

「き」「つ」「ね」の文字はどれかな？

あいうえ
かきくけ
さしすせそ
たちつてと
なにぬ
はひ
まみむ

あ！これだー！

（子ども）

ごっこあそびの中で文字を使う

Point

お店屋さんごっこにおいて、どんなメニューがあるかを書いて友だちに見せ合います。そして、文字に対しての興味や関心を高めます。

筆順を見せる

文字に興味をもった幼児は、文字らしい形を書いたりすることがあります。ひらがなの筆順を正しく書いた文字を教室の壁面に貼付しておくことで、幼児をそれを見ながら書くなどします。また、それを使って、筆順を指導することもできます。

書く楽しさを獲得させるには?

言葉の準備期
5歳ごろ

子どもが文字を使うことの意味に気づき、書く楽しさを獲得するためにはどのようにしたらよいでしょう。

保育者

「あ」「い」「う」と
書いてみましょう

子ども

いや!書けないもん!
やりたくない!

なぜだろう? 保育者のギモン

文字に興味をもって、読むことには、楽しんでいるのに、文字を書くことに興味をもたないのはなぜでしょう?

お答えします! 解決の糸口

興味がもてないときに、興味のないことをさせられると、子どもは嫌になり、やろうとしなくなる傾向があります。子どもが自然に文字に目が向くような環境を整えることが大切です。

保育者

お店の看板をみんなでつくりましょう

「つ」ってどうやって書くの？

子ども

お店屋さんごっこをすると言って、自分のお店の看板を作らせます。一緒にお店をする友達と協力して作るようにします。わからない文字があれば、興味がもてるように教えましょう。

「『あ』の文字はこうやって書くんだよ」というように、子どもが聞いてもいないのに保育者が積極的に教えないようにしましょう。

NG

あそびでの 豊かな体験や経験を大切に

Point

子どもが文字に興味がもてるようにするには、あそびや生活に基づく豊かな体験や経験、感動を大切にすることです。日常のあそびや生活の中で、話すことや聞くことが豊富にあることによって、書き言葉が育っていくのです。

子どもの主体性を大切に

文字によって、何かを表現したり、相手に伝えようとしたりする営みは、感動や体験を繰り返し、積み重ねることによって育成されるものです。そのために、保育者が子どもの興味・関心を引き出し、主体性を育むことが大切です。

日本語のわからない子どもへの対応は?

少し前に母親と、父親が働く日本にやってきた、もうすぐ4歳になるA児。日本語を少しでも早く覚えるようにと、母語を使わないように伝えているのですが、すぐに使ってしまいます。どのように対応すればよいでしょうか。

保育者
おはよう

子ども
ボン
ヂーア

なぜだろう? 保育者のギモン

簡単で、真似してなら言える言葉なのに、どうしていつまでも日本語のほうを使うようにならないのでしょうか。家でも母語は禁止にしてもらったほうがいいのでしょうか。

お答えします! 解決の糸口

朝のあいさつなどの毎日使う言葉などは、先生が母語を覚えて使うとよいでしょう。そうするとクラスのほかの子どもも真似して使いようになり、仲よくなる契機になります。

保育者

グーチョキパー
で何つくろう？

OK

どの国の子どもたちでも知っている動物や物が出てきたり、ジェスチャーがあるようなわらべ歌などで、少しずつ言葉を教えていきましょう。

「使っていいのは日本語だけです！」「家でも母語は使わないようにしてください」などと、母語を禁止にする必要はありません。

NG

Point

まずは安心感を

初めて異国で過ごす外国人幼児にとって、園は不安でいっぱいです。まずはスキンシップをとりながら、楽しくハミングしたり、身体を動かしてリズムを楽しめるような歌を歌ったりして慣れていくとよいでしょう。その中で少しずつ、写真やポーズなどと日本語とを対提示していくとよいでしょう。

視覚的な提示を心がける

日本語で話すときには口の動きを見せて、ゆっくり文節で区切りながら伝えましょう。言葉だけではなく、写真や絵カードを見せて、言葉と意味がつながるようにしましょう。絵を見ただけでストーリーがわかるような絵本も効果的な教材です。

乱暴な行動をとる子への対応は？

Q40

発達が少し凹凸していて、もうすぐ5歳になるA児。
お友だちを、叩いたり押したりすることがよく見られます。何度注意しても繰り返してしまいます。どのように対応すればよいでしょうか。

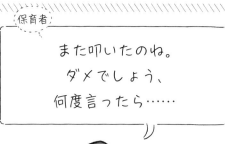

（保育者）

また叩いたのね。
ダメでしょう、
何度言ったら……

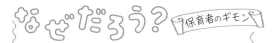

なぜだろう？ 保育者のギモン

二語文を使ってお話をすることはできるようになったのに、どうして言葉で伝えずに手がでてしまうのでしょうか。

お答えします！

解決の糸口

要求や拒否などの感情を言葉で伝えるのが苦手な子どもがいます。そのような子どもがとる困った行動は、何らかのコミュニケーション手段として機能しているのです。

保育者

なんて言うのだったっけ？
……そうだねえ、「かして」って
言うと友だちも分かるよね

叩いたり押したりしなくても、願いや思いが伝わるような言葉がでるように、見本を見せたりヒントを出しましょう。

OK

「なんでまた乱暴するの？何度言ったらわかるの？」「Bくんの気持ちになって考えて！」などと、一方的に叱ってはいけません。

NG

行動の理由を見つけだす

Point

発達に遅れや凹凸のある子どもは、言葉で伝えてもうまく伝わらずに願いがかなわない、注意されたてもどうしたらよいかがわからない、といった経験をしていることが少なくありません。どのような言葉に置き替えればよいのか、行動の前後の状況を観察して、理由を把握しましょう。

替わりの言葉を増やす

叩いたり押したりしなくても自分の要求や思いが伝わるような言葉（「貸して」や「どいて」）が、少しずつ使えるようになるように、スモールステップで教えましょう。

「じょうだん」と「うそ」はどう違うの？

子どもの言葉から ①

　19時少し前だったと思う。延長保育の5歳児のハヤトが母親のお迎えを待っていた。薄暗くなり始め、少し寂しい気持ちにもなってくる時間である。そのとき、ハヤトの母が「ごめんごめん。遅くなったね」と駆け込んできた。ハヤトは母に飛びつきながら何か話をする（後から聞いた話だが、大好きな女の子と結婚したいから云々…という壮大な話）。　母親は「冗談よ、冗談。本気にしないの」とハヤトの話に笑いながら答える。すると、ハヤトは急に厳しい顔になって「ママはいつもうそをつくのはいけないって言うでしょ。でも、冗談も嘘だよね。冗談と嘘はどう違うの」と母親に攻め寄る。その言葉にはっとして、私はハヤトの母と目を合わせた。母親の困った表情をみて、私は思わず「そうよね。冗談も嘘だって先生も、今、ハヤトくんから教えてもらったわ。ありがとう」と答えながら次の言葉を探した。そして「そうね。先生も良く冗談を言うけれど、冗談は人に嫌な思いをさせない嘘で、人を楽しくさせる言葉だと思う」と答え、「嘘をつかれたらどうかな」と問いかけてみた。ハヤトは「嫌だと思う」と答える。私は「そうね。嘘は人や言われた人が嫌な気持ちになったり困ったりする言葉だと思うよ。冗談と嘘の区別はむずかしいね」と話をしてみた。少し穏やかな顔になったハヤト。

　ハヤトは、お迎えを待つ心の寂しさと言葉が重なって、冗談も素直に受け取ることができなかったのかもしれない。母のどのような言葉にハヤトの心が引っかかったかは、判定をしてしまうような気がして、その場では聞けなかった。

　冗談で済ませられることも心のもちようによっては嘘と捉えられることもあること。嘘と冗談と心の関係をハヤトの心と言葉から教えてもらった。子どもの言葉を捉える感性は、様々なことを考えるきっかけをくれる。

第 2 章

「言葉を育てる」言葉あそび⓴

1 ちょち　ちょち　あわわ

| 想定年齢 | 0歳〜 | 実施人数 | 1人〜 | 所要時間 | 1分程度 |

赤ちゃんから遊べる楽しい手あそびです。地方によって言い回しが違うこともあります。
触れ合いや真似っこを楽しみながらゆったり行うとよいでしょう。

準備するもの　**特になし**

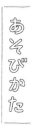

1 子どもと向かい合います。

2 「ちょちちょち」と両手を合わせてたたきます。
そのあと、手のひらを口にあてて「あわわ」と言います。

● 子どもと向かい合って行うほか、子どもをひざに乗せ、手をとって触れ合いながら行うのも楽しいでしょう。

ちょち　ちょち　あわわ　　　　　　　　　　　　　　　　わらべうた

3 「かいぐりかいぐり」といいながら、胸のあたりで両手グーにしてくるくる回します（糸まきのように）。
「とっとのめ」と、手のひらを反対の人差し指で指でとんとんします（人差し指で目を指さしてもよいです）。

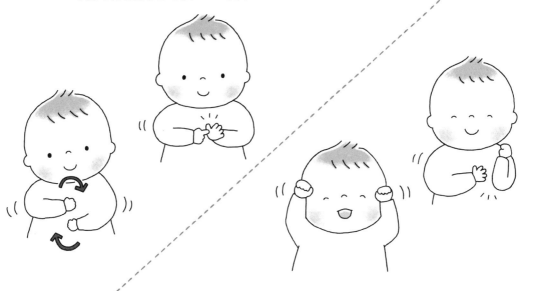

「おつむてんてん」で、あたまを両手でぽんぽんと当てます。
最後に「ひじぽんぽん」と、両ひじを両手でぽんぽんと軽くたたきます。

2 | 色の言葉あつめゲーム

想定年齢 3歳〜　実施人数 4人〜　所要時間 約20分

示された「色のカード」を見て、その色のものが描かれたイラストカードを探します。身の回りのどんなものにも色があり、それぞれの色に名前があることを言葉として獲得することができるあそびです。

準備するもの　❶**色のカード**　❷**イラストカード**

あそびかた

1 イラストカードを机の上か床に並べて、その周りに座ります。

2 みんなで、「いろ・いろ・いろ・いろ・なーにいろ?」と、声をそろえて言います。保育者が色カードを示しながら「〇〇色」と言います。

こんなあそびかたも①

● 慣れてきたら、色カードを示さずに、「赤」
と口頭だけで伝えてイラストカードを集め
てみましょう。また、色がよく分かるよう
になると、その場に用意していない色を言
ってみても楽しいでしょう。

こんなあそびかたも②

● ものの名前と色が一致するようになったら、
カードを使わずあそぶこともできます。円
になって座り、「いろ・いろ・いろ・いろ・
なーにいろ」と全員で言いましょう。そ
の後、保育者もしくは子どもが、好きな色
を言い、その色のものを、ひとりずつ順番
に答えるというあそびです。

みんなでその色の絵カードを探します。見つけたカ
ードは集めて並べ、色が合っているかを確認します。
イラストに何が描いているかを子どもたちに問いか
けると、ものの名前を覚えることにもつながります。

慣れてきたら、早くカードをとれた人が、カードをも
っておき、最後に何枚とれたか、数えます。

3 なぞなぞ

| 想定年齢 | 3歳〜 | 実施人数 | クラス全員 | 所要時間 | 約15分 |

いつでもどこでもできる言葉あそびです。子どもは、保育者の出す問題に答えるために、知恵を絞り想像力を膨らませながら考えます。保育者自らが言葉の表現を意識し問いかけることで、子どもの言葉の表現も豊かになります。

準備するもの **イラストカード**

あそびかた

1

なぞなぞの歌を歌い、なぞなぞの問題を期待しながら集中して聞けるようにします。
子どもの年齢や状況に応じた問題を出し、少し考える時間をもちます。

子どもが言った答えが当たっていたら、参加している子ども全員で喜べるようにします。もし答えが間違っていたら、答えられたこと自体を認め、なぜその答えになったのかも聞きましょう。

- 低年齢の子どもには、例えば回答が動物の名前であれば、ヒントは動物の鳴き声を真似たり、「動物のなぞなぞだよ」と回答の範囲を伝えたりしましょう。
- 子どもが問題をつくり始めたら、あそびを広げ、オリジナルの問題作りに展開していきましょう。子ども同士が触れ合う機会が増えます。

- 手を挙げたのに指名されると答えられなくなってしまう子どもや、なかなか手が挙げられない子どももいます。答えを急がせず、友達の意見を聞ける雰囲気づくりをしましょう。また、多くの手が挙がったときは「みんなで一緒に答えをどうぞ」と一緒に答える場もつくりましょう。

 答えが出にくいときは、ヒントがかいてあるイラストカードを見せながら、ヒントも伝えます。ヒントは、遠回しなものから、だんだん答えに近いものを伝えるようにしましょう。

あそびに慣れてくると、自分で問題をつくる子どもも現れるので、保育者は、子どもが考えた問題を発表する場をもちましょう。

連想ゲーム

| 想定年齢 | 4歳 | 実施人数 | 4人程度〜 | 所要時間 | 約20分 |

「白くてやわらかいものってなんだ?」のように、抽象的なお題から子どもたちが自分なりのイメージを膨らませて言葉を探し出す言葉あそびです。語彙力とともに想像力も養われます。

準備するもの　**特になし**

あそびかた

1 保育者が言った単語のイメージを子どもに答えてもらいます。

カブトムシってどんな虫かな?

角がはえてる

飛ぶよ!

黒い

じゃあ!

角がはえてて黒くて飛ぶものってなーんだ

カブトムシ

くわがただっているよ!

怪獣

2 子どもたちがあげたイメージから、さらにイメージできるものをあげてもらいます。

こんなあそびかたも①

● 「白い」もの、「白くて柔らかい」もの、「白くて柔らかくて空に浮かんでいる」もの、のように一つずつ条件を増やしながら子どもたちに答えてもらいましょう。

こんなあそびかたも②

● いくつかその言葉（単語）のイメージを言ったあとに、「せーの」で一斉に答えてもらい、全員が同じ答えになったら成功といったあそび方もできます。

3 同じイメージからいくつもの言葉が浮かぶことを子どもたちが確認できたところで、お題を言います。

いっぱい 出てきたね。
じゃあ、高く 飛べるものって
なぁんだ！

鳥！

飛行機

じゃ、
今度は「なぁんだ。」
を言ってもらおうかな。

私が言う

僕が言う〜

4 慣れてきたら、子どもたちにもお題を言ってもらいます。

5 もうじゅうがりにいこう

| 想定年齢 | 4歳ごろ～ | 実施人数 | 10人くらい～ | 所要時間 | 1つの題で約3分 |

ゴリラ、ライオンといった子どもが好きな動物の名称を使い、仲間集めをします。
「ゴリラ」なら3人と文字数と人数を一致させてあそびます。

準備するもの **特になし**

保育者が前に立ち、元気よくリズムよく合言葉を発していきます。

猛獣狩りに
行こうよ!

猛獣なんて
怖くない!

やりだって
持ってるし!

てっぽうだって
持ってるもん

あっ!

- 「買い物に行こう」てっぽう、やりを財布と鞄に置き換えて行います。身近な言葉が出てくるので楽しんで行えます。
- 短い言葉（例えば「蚊」）でグループにならなかったり、長い言葉で全員で集まるようにしたりなど様々な組み合わせを用意しておくとよいでしょう。

- 言葉の数と数量の対比ができない場合には指を折って一緒に数えて伝えていきます。
- 聞きもらしてしまう場合には、見やすい大きさのイラストカード（A4からA3）を用意し見せながら声をかけるとわかりやすいでしょう。

2 保育者が「ご・り・ら」など題を出します。

ご・り・ら！

3 出された題の文字数を数え、その文字数と同じ人数で集まり座ります。「ご・り・ら！」の場合は3文字なので3人で集まります。

し・ま・う・ま‼

4 全員が集まれたことを確認し、人数が合わなかったら保育者が入るなどして全員が達成感を味わえるようにします。1から4を繰り返します。

6 同尾音

| 想定年齢 | 4歳〜 | 実施人数 | クラス全員 | 所要時間 | 約20分 |

単語を構成する最後の音や文字が同じものを、集めるあそびです。同頭音あそびやしりとりあそびを十分に楽しめるようになったころの子どもが対象です。このあそびを通してさらに言葉への興味を深め、語彙を豊かにし、言葉の語尾を取り出してあそべるようになります。

準備するもの **イラストカード**

あそびかた

1 子どもと「かたつむりのうた」を歌ってから、「かたつむり」の音を確認します。その後、「かたつむりはなんていう音で終わるの?」と問いかけます。「り」で終わることを確認し、「ほかにも、『り』で終わる言葉があるか探してみよう」と問いかけます。

でんでん
むしむし
かたつむり〜 ♪

2 子どもが答えを言ったら、ほかの子どもも理解しやすいように、子どもの反応を見ながら答えを繰り返し言います。もし答えが出なかったら、保育者が「り」が最後につく言葉を書いたイラストカードを見せながら、その言葉を言います。

- 二文字しりとりの発展バージョンのように単語の最後の二音が同じものを集めたり、それをなぞなぞの問題にしたりするあそびも考えてみましょう。例えば、単語に「かい」がつくもの集めや、「あったかいにもあって、おつかいにもある、それはなぁに？」「答えはかい」等です。

- 単語を書いたイラストカードを見せたり、単語を一文字ずつ区切って言ったり、子どもがイメージしやすいヒントを出したりしましょう。また、子どもが発見するチャンスを聞き逃さないように注意し、子どもが考えて話すことに自信がもてるようにしましょう。

3 子どもの答えが名詞に偏っていた場合、保育者は違う品詞の言葉を言いましょう。
答えが出なくなってきたら、イメージしやすいヒントを出しましょう。

おしゃべり！

一通り、「り」のつく言葉が出たら次の言葉を指定し、繰り返しあそびましょう。

7 | げきあそび

| 想定年齢 | 4・5歳〜 | 実施人数 | 3人〜 | 所要時間 | 約20分 |

演じることだけなく、大道具、小道具、衣装の製作、音楽、脚本、演出等、年齢、発達に応じ協力して作り上げることができます。

子どもが主体となって活動に取り組み、言葉で思いを伝え合い協力し、様々な経験をします。

準備するもの **絵本**

あそびかた

1 保育者にお話を読んでもらうなどし、自分たちで好きな絵本を繰り返し楽しみます。

2 覚えたお話の場面に応じ身体表現を楽しみます。役を演じることでなくても、オノマトペを表現したりするのも楽しいです。

「だるまさんが」…「どてっ」など、言葉にリズムに合わせて表現したり、「おおきなかぶ」…「うんとこしょ・どっこいしょ」の掛け声にあわせてかぶを引っ張る動作をする。

116

- 「おおきなかぶ」 かぶを引っ張る登場人物を子どもたちが自由に選んで表現します。大好きな動物や人物になりきって表現を楽しむことができます。
「かぶ」の代わりにクラスで育てている野菜など、子どもたちから出た発想やごっこあそびを取り入れていくのもよいでしょう。

- 「ぐりとぐら」 カステラが焼けるにおいにつられてくる動物たちに変身し食べる動作を楽しむ、卵の殻の乗り物を自由に作ってみる…。様々なシーンの表現を楽しみながらクラスでのげきあそびに発展していきます。

3 覚えたお話の場面に応じ役割分担をし、友達と一緒に表現を楽しみます。

発展として…道具、衣装を自分たちで考え、制作します。お話の展開を一緒に話し合って脚本やせりふを考えたり、動きに合わせた音を表現することも楽しいですね。日ごろからのげきあそびの表現が発表会につながります。「表現」をおぼえさせたり演じさせたりするのではなく、子どもが表現することを楽しむことが大切です。

4

8 | 同頭音

| 想定年齢 | 5歳 | 実施人数 | 4人グループ | 所要時間 | 約20分 |

言葉のはじめが同じ音で始まる「同頭音」のイラストカードを使って、同じ音で始まるイラストを見つけ仲間分けをします。「同頭音」の言葉に興味をもつことをめざします。

準備するもの　❶ホワイトボード　❷イラストカード

あそびかた

1　ホワイトボードにイラストカードを貼り、何のイラストなのか子どもに聞いて確認します。

2　言葉の始めが同じ音ではじまるイラストを集めるあそびをすることを確認したあと、グループにイラストカードを配ります。

- 例えば、「言葉の最初に「う」のつくものを言ってみよう」と、イラストカードを使わずに「文字カード」だけであそんでみることで想像力が育成されます。
- カスタネットや手拍子などでリズムをとりながら、順番に言葉をつなげていくこともできます。

- 子ども同士で言葉を教え合ったり、同じ言葉を繰り返したりして援助しましょう。
- 保育者が、ヒントを与えたり、子どもの近くで援助したりしましょう。

3 イラストカードの中から、「同頭音」のイラストカードをグループの友だちと一緒に仲間分けをします。

仲間分けしたイラストカードを子どもが読みながら、発表します。 **4**

9 | 真ん中集めあそび

| 想定年齢 | 5歳 | 実施人数 | 4人〜 | 所要時間 | 約20分 |

3文字の言葉の真ん中の文字が空白になったカードやイラストカードを使って、真ん中に当てはまる文字を二人一組で見つけます。日常生活のなかでよく使われている言葉の習得を目指します。

準備するもの ❶ホワイトボード ❷言葉カード ❸イラストカード

あそびかた

1 3文字の言葉の真ん中の文字が空白になったカードを提示し、ホワイトボードに貼ります。

子どもは、二人一組になり、カードの真ん中に当てはまる文字を考えます。 **2**

- 3文字を4文字に増やして、真ん中の2文字を空白になったカードを使って遊びます。子どもにイラストを先に見せてから、考えさせることもできます。

- 子どもの活動をペアにしたり、グループにしたりすることで支援します。
- 真ん中に当てはまる文字をいくつか示して子どもが考えやすくしましょう。

3 みんなでカードの真ん中に当てはまる文字を入れて3文字を読みます。

4 3文字を意味するイラストカードを選んで発表します。

10 しりとりあそび

想定年齢 **5歳〜**　　実施人数 **4人〜**　　所要時間 **約20分**

前の人が言った単語の最後の字から始まる単語を、次の人が言うあそびです。"ん"で終わる単語を言ったら負けという単純なルールで、準備等もなく遊べます。「あいうえおカード」を用いて行うと、視覚的な文字の獲得につながります。

準備するもの **あいうえおカード**

あそびかた

1
【あいうえおカードを使ったしりとり】
「あいうえおカード」を2〜3セット用意しておき、そのカードを使って単語をつくり、しりとりをしていきます。

2
慣れてきたら、「あいうえおカード」を1セットだけ使って、しりとりをしてみましょう。なるべく残りの枚数を少なくするというルールにすると、単語のつくり方を工夫したりするなど、難しいあそびになります。

- ルールのあるしりとりは、子どもたちと相談してルールを決めてもよいです。
- 例えば「赤いものしりとり」「幼稚園にあるものしりとり」など、楽しいアイデアが出てくるかもしれません。

- なかなか単語が出てこず、言葉に詰まってしまう子どもがいるかもしれません。そのようなときにはまず、「あいうえおカード」で、単語を作る遊びをしてみましょう。1セットのカードでいくつの単語を作れるか、挑戦するなど、あそびの中でたくさんの単語に触れることで、楽しみながらの言葉の習得を目指します。

しりとりにルールを追加すると難易度が高くなります。
ふつうのしりとりが上手にできるようになってきたら、
挑戦してみてください。
【食べ物しりとり】
食べ物の名前だけでしりとりをしてみましょう。

【3文字しりとり】
3文字の言葉だけでしりとりをしてみましょう。

11 | 早口言葉

| 想定年齢 | 5歳 | 実施人数 | 4人程度〜 | 所要時間 | 約20分 |

言いにくい言葉を日ごろ話す言葉よりも早くしゃべり、うまく言えるかを競う言葉あそびです。音節が舌を動かしづらい順序に並んでいることも特徴です。

準備するもの　**イラストカード**

あそびかた

1　「なまむぎなまごめなまたまご」など、数種類の早口言葉のイラストカードをグループごとに渡します。

2　3人一組のグループにし、グループごとにもらったイラストカードの早口言葉を練習します。

- グループで早口言葉を競います。うまく言
  えたかを判定するのは保育者です。勝った
  グループはまた別のグループと対戦し、最
  後まで残ったチームが勝ちです。

- ゆっくりでもよいので早口言葉を言えるよ
  うにします。難しい言葉を言えたことが達
  成感につながります。

3　「どのグループが一番うまく言えるかな?」など、グ
　　　ループごとに競わせます。友だち同士で助け合って
　　　練習をして、競います。

最終的に残ったグループがチャンピオンになります。
負けたグループは友だちのグループの早口をよく聞
いて保育者と一緒に判断します。　**4**

12

変身言葉

| 想定年齢 | 5歳 | 実施人数 | 4人程度〜 | 所要時間 | 約30分 |

変身言葉とは、濁点をつけると、言葉の意味が全く違う意味に変身したり、同じ言葉を何回も言っていると、アクセントの場所が変わり、同じ言葉でも意味の違う言葉に変身したりする言葉のことを指します。

準備するもの　❶紙皿　❷マジックペン

1 1グループ4人程度のグループをつくり、まず濁点を付けると変身する言葉か、何回も言うと意味の変わる言葉を話し合って紙皿に絵を描きます。

2 子どもたちがあげた中から頭文字が同じ言葉を選んで、「頭文字が同じ仲間の言葉」だと伝えて、ほかの仲間の言葉を挙げてもらいます。

● 時間がないときは単純に、それぞれが変身言葉を考えて出し合うのも思考力を育んだり、語彙力を高めたりするのに役立ちます。

● 思いつかなくて前にお友達が言った言葉をあげてしまうことがありますが、それも認めてあげながら、変身言葉のヒントを出して出ていない言葉に導いてあげましょう。

3 「では今度はグループでどんな変身言葉があるか探してみましょう」と言って、紙皿をわたし、表と裏に変身言葉の絵を描きます。

4 思いつかなかった子どもには、お題を出してもらうようにして全員が楽しめるようにします。

13

かくれんぼ言葉

| 想定年齢 | 5歳 | 実施人数 | 4人程度〜 | 所要時間 | 約20分 |

子どもたちが知っている、日常耳にしている言葉の中に、ほかの言葉が隠れているものをかくれんぼ言葉と言います。言葉の中に違う言葉がはいっているものを探し出す楽しさを味わわせましょう。

準備するもの **イラストカード**

あそびかた

1 保育者が言葉の中に隠れているイラストカードを何枚か用意します。例えば、バナナのイラストカードを見せます。

2 バナナのカードの中に隠れている数字を考えて当てさせるようにします。

- グループ活動の応用ができます。グループに分かれて各グループでかくれんぼ言葉を考えさせ、それを絵カードに書いてもらい、各グループからみんなにクイズを出してもらうようにします。

- 困っている子どもには、かくれんぼをしている言葉を保育者から出して、どんな種類の言葉が隠れているかを伝え、ヒントを出しながら楽しむようにします

3 続いて、クリスマスツリーのカードを見せて、どんな言葉が隠れているかを考えさせるなど、次々とお題を出します。

このほかにも言葉が隠れているイラストカードを出して、子どもたちに考えさせ、当てさせます。クレヨン、はちみつ、ぼうし、まぶたなども盛り上がります。**4**

14

カルタ

| 想定年齢 | 5歳 | 実施人数 | 25人グループ | 所要時間 | 作る約40分・あそぶ約30分 |

カルタ作りを学級の全員で行ってあそびます。自分の考えた言葉を考え、友だちと一緒に遊ぶことにより文字や言葉への関心が広がっていきます。

準備するもの ❶八切り厚口画用紙50枚 ❷八切りを半分にしたもの50枚

あそびかた

1 本物のカルタを見せながら、
「ここにあるのはふつうのカルタですが、今日は、世界に一つだけのジャンボカルタを作ります。自分の好きな文字を選んで作りましょう」とカルタ作りをすることを伝えます。

①自分の好きな文字を選ぶ。
②言葉を考えて、書く(文字は、必要に応じて保育者が手伝って書く)。
③文字のない画用紙に言葉が分かるような絵を描く。
と手順を伝え、最後にカルタ大会を行う予定であることを知らせましょう。

- できあがったカルタは、一週間ほど保育室に掲示します。互いに作ったものを見合うことで、言葉への関心が広がっていきます。

- グループで勝負します。
①各グループで1番から5番まで順番を決めます。
②最初に1番の人が出てきて絵札を見つけます。
③次に2番の人が出てきて絵札を見つけます。
④一番たくさんとれたグループが優勝です。

3 子どもが考えたカルタを全体に紹介します。このようにして、言葉への興味・関心を広げます。

作ったカルタであそびます。

15 子ども川柳

| 想定年齢 | 5歳〜 | 実施人数 | クラス全員 | 所要時間 | 約20分 |

言葉の音を数えられるようになったころの子どもが、カルタあそびを十分に楽しんだ後で、日本古来の川柳のリズムで言葉を考えるあそびです。このあそびを通して、日本語の楽しさ、おもしろさ、心地よさを味わいながら想像力を膨らませ、言葉の感覚を育みます。

準備するもの ❶絵本、川柳かるた、絵入りの五十音表等　❷○を5つまたは7つ書いた用紙

あそびかた

あそびなれた川柳かるたの読み札を見せながら、「このカルタは、いくつの文字でできてるかな」と問いかけます。
もし答えが5文字や7文字ではなかったら、保育者が指を折りながら伝えましょう。

「5文字の言葉はほかにもあるかな、探してみよう」と問いかけます。
子どもは周囲にある文字を見たり、自分の体験から考えたりし答えます。

- 五七五のリズムに慣れたら、グループになって、友達と川柳をつくってみましょう。
- カルタあそびやカルタ作りを経験していると、自分で考えた川柳を用いて「川柳かるた」をつくり始める子どもがいます。そのあそびを広げましょう。友達と互いの考えを伝え合いつくり上げる楽しさが味わえます。

- 意味が通っていなくても、調子よく口ずさめればOKとしましょう。
- 子どもから5文字や7文字についての答えが出ない場合は、保育者がいくつか候補の言葉をあげ、子どもが自分で決められるようにします。テーマは、子どもの身近な物や行事の思い出等にしましょう。

3 例えば子どもが「かざぐるま」をあげたら、紙に「かざぐるま、かぜがふいたよ、○○○○○」と書き、「かざぐるまは、このあとどうなったかな？　5文字ください」と問いかけます。

4 子どものあげた言葉が5文字ではなかったら、保育者が言い方を工夫して5文字になるようにし、リズミカルにつなげていきましょう。また、参加した子ども全員が、その川柳を理解できるよう、川柳に出てくるものを分かりやすい絵で表しましょう。

16 おてがみごっこ

想定年齢 5歳ごろ〜　実施人数 3人〜　所要時間 約60分

周りにいるさまざまな人への関心をもち、関わりが深まってきているころや、ひらがなに興味をもち、読み書きができるようになってきた時期におすすめのあそびです。年賀状が届くお正月後、暑中見舞いが届くころには特に関心が高まっているでしょう。

準備するもの ❶ポスト（段ボールや空き箱などで作ったもの）　❷はがき用紙（白画用紙を、はがきサイズに切ったもの）　❸切手（色画用紙を、切手サイズにピンキングばさみなどで切ったもの）

あそびかた

1 はがき用紙の裏面に、送りたい人へのメッセージを書きます（字でも絵でも何でもよい）。

表面に、送り先と相手の名前を書きます。
場合によっては保育者が代わりに書きます。　**2**

- 年長さんが郵便屋さんになり、年中さんの書いたお手紙を届けるなど縦割りの活動にしたり、ポスト、ハガキや切手づくり、仕分け、配達など担当を話し合い、クラス全体での遊びにしたりすることも楽しいです。

- 文字で表現することの練習ではありません。相手に思いを伝えたいという気持ちが大切です。文字にこだわらず表現を楽しめるようにしましょう。
- 文字を書いてみたいと思う気持ちがあるが上手く書けない場合などは、「五十音表」等を用意しておくのもよいでしょう。

3 切手用紙をはがきに貼ります。

4 手づくりのポストに投函します。

5 みんなで決めた配達時間に保育者や、子どもの郵便やさんがポストのはがきを回収して送り先に届けます。

17 | 逆さ言葉

| 想定年齢 | 5歳 | 実施人数 | 4人程度〜 | 所要時間 | 約20分 |

子どもたちが知っている、日常耳にしている言葉を逆さまに読んでみるあそびです。一音ずつ発音する日本語の特徴を生かした言葉あそびで、記憶力も培えるあそびです。

準備するもの **特になし**

1 2文字の言葉を子どもたちに言ってもらいます。

みんなが知ってる2文字の言葉ってなにがあるかな？

はな

あめ

Aちゃんが言ってくれた「あめ」を逆さまにしたら「め」・「あ」になるね！

あ　め

2 子どもたちがあげた中から一つ選んで、ゆっくりと逆さに言ってみます。

- 自分の名前を逆さまにしてみる、逆さまに言う時には背中を向けて言う、前を向いて「あきら」、後ろを向いて「らきあ」、とジャンプしながら言うと運動あそびにもなります。

- うまくいかない子どもには、保育者が、1語ずつ援助してあげます。言えるようになったらもう一度一人で言ってもらうことで、達成感を味わえるようにしましょう。

3 お手本を見せたところで、子どもたちと逆さ言葉あそびをします。

2文字ができるようになったら3文字に挑戦する雰囲気づくりをしてチャレンジしてみましょう。

18 一文字変えて大変身

| 想定年齢 | 5歳 | 実施人数 | 5人程度〜 | 所要時間 | 約15分 |

動物や植物、食べ物などの単語のひらがな一文字を変えて、別の意味の単語をつくる遊びです。一文字一文字の音に着目することで、単語の音の成り立ちを理解したり、語彙力を養う手助けとなります。

準備するもの **特になし**

あそびかた

1 保護者が例題になる単語を子どもたちに投げかけます。

> みんな「く・ま」って知っているかな？

> じゃあ、「く・ま」の「ま」を「も」に変えたら、何になるかな？

> くも！

子どもたちに投げかけた単語の一文字を変えると何になるか質問します。

2

● あそびかたの中にあるように最初は、語尾の一文字を変えて変身させますが、慣れてきたら、「か・ば」の語頭の「か」を「ろ」に変えて「ろば」に変身させます。最後に、「くま」、「くも」「かも」「かば」「さば」のように語尾、語頭、語尾、語頭と変える場所を交互にしてあそびます。ちょっと難しいですが、子どもたちと一緒に頑張ってみましょう。

3 正解が出たところで変身のさせ方をいくつか例に出して、子どもたちのあそび方への理解を深めます。

そうだね。
「さ」に変えると「くさ」。
「し」に変えると「くし」。
に大変身！

じゃあ、みんなで変身させたい言葉を考えてみよう！

遊び方が分かったところで子どもたちからお題となる単語を引き出してゲームを始めます。 **4**

想定年齢	5歳	実施人数	4人程度〜	所要時間	約20分

ある言葉（単語）からイメージされるいくつかのヒントを出して、その言葉（単語）が何かを見つけ出していく遊びです。ヒントは、答えが出るまで、一つずつ増やしていきます。

準備するもの　**特になし**

あそびかた

1 子どもたちにゲームの仕方を説明します。

今から先生があるものになります！そのあるものが、どんなものかヒントを出すから、みんなはそれをあててください。

はーい！

いいよ

では、いきます

私はずっと立っています。

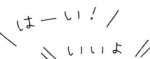

木

でんちゅうばしら〜！

みんながゲームのやり方を理解できたところで、短いヒントを一つ出してゲームを始めます。

こんなあそびかたも…

- 文章でヒントを伝えるのではなく、「空」「飛ぶ」「はやい」「エンジン」のように単語でヒントを伝える方法もあります。

こんなことに気を付けて…

- 子どもが出した答えは、お題からイメージして出した答えなので、保育者がイメージしたものと違っていても否定せずに受け入れましょう。

3 たくさん答えが出たところで、ヒントを増やします。

正解が出るまで、ヒントを増やしていきます。慣れたところで、子どもからヒントを出してもらいます。 **4**

20 回文あそび

| 想定年齢 | 5歳 | 実施人数 | 4人程度〜 | 所要時間 | 約20分 |

上から読んでも下から読んでも（前から読んでも後ろから読んでも）同じになる語句や文のことを回文と言います。逆さ言葉から発展した言葉あそびです。文章を考えるのは難しいので、2文字、3文字の言葉を中心にして行います。

準備するもの **特になし**

あそびかた

1 子どもたちに体のいろいろな部位の名前を言ってもらいます。

C君が今「みみ」って言ってくれたけど、「みみ」って反対から読んでも、「みみ」っておんなじだよね。

2 「みみ」という言葉を取り上げて回文について基本的な考え方を伝えます。

● 2文字、3文字の回文といっても、そう多くあるわけではありません。そこで、「うう」や「めきめ」など意味のない2文字3文字の言葉を子どもたちに自由に考えてもらい、できあがった言葉がどのようなものなのかを想像して発表し合っても面白いと思います。さらにそれを体で表現してもらうのもよいでしょう。思いもつかないような表現が飛び出してくることでしょう。

3 みんなからいろいろな言葉をあげてもらいます。

3文字の言葉が出てきたところで、3文字の回文も考えてみます。

先生、あそんでもいいですか

column

子どもの言葉から②

　保育の経験が8年を過ぎ、子どもへの指導を楽しく感じている5歳児の担任は、クラスで「カルタ」あそびを計画して展開した。子どもたちは、友達と取った数を競い合い一喜一憂しながらも、トラブルになりそうになったときは自分たちで解決していた。「今日のカルタあそびもねらい通りに進めることができた」と、子どもたちの参加の仕方や興味のもち方から成長を感じた担任だった。

　そこで、「今日はこれでおしまいにします。使ったカルタはみんなで片付けられますね」と言う。すると、A子が「先生、終わったらあそんでもいいですか」と担任に問いかける。B男も「今日は全然あそんでいないよ。昨日の続きをしようよ」と友達につぶやく。

　この会話を聞いた担任は「今までやっていた友達と楽しんでいた『カルタあそび』は子どもたちにと遊びではなかったのだろうか。子どもにとって遊びとは……」と考えることになった。

　幼稚園教育要領には、「遊びは遊ぶこと自体が目的であり、人の役に立つ何らかの成果を生み出すことが目的ではない。しかし、幼児の遊びには幼児の成長や発達にとって重要な体験が多く含まれている」と記されている。このことから「カルタあそび」について振り返ってみると、担任は「カルタあそび」を通して、"文字に興味をもたせよう""友達との関わり合いをもてるようにしよう"ということへの意識が強く、子ども一人一人がどのように参加して楽しんでいるかへの意識が薄かったことに気が付いた。この未熟な担任＝私は、子どもたちの言葉から大きな学びをもらった。

　幼児教育では「遊びを通しての総合的な指導」が求められている。このあそびの意味を深く理解して、子どもが何を楽しんでいるかそしてその結果として何を学ぶことが可能なのかを予測する力が、保育者には求められていると考える。

　○○あそびと称しながら、保育者の思いや目的を子どもに押し付けていることがないだろうか。「先生、あそんでもいいですか」……あそびの意味を深く問う子どもからのメッセージだった。

第 3 章

接続期で「言葉を育てる」

1 接続の基本的な考え方・必要性と 接続に向けた課題（言葉を育てる観点から）

1 接続の基本的な考え方・必要性

　平成10年の教育課程審議会の答申以降、あそびを中心とした保育所・幼稚園等の教育と時間割に基づく教科書等の学習を中心とした小学校教育との円滑な接続が課題となっています。我が国においては、5歳児の95％が保育幼稚園、認定子ども園に通った後、義務教育段階である小学校等に入学しています。これらのことから小学校へ入学した子どもが主体的に自己を発揮し、新しい学校生活をつくり出していくことができるようなカリキュラムを編成することが重要であることは言うまでもありませんが、それと同時に**幼児期の教育においてもスタートカリキュラムの基礎を構築する多様な経験を行うことが重要**です。

　具現すれば、生涯にわたる学習意欲や学習態度の基礎となる好奇心や探究心を培い、加えて小学校以降における教科の内容等について実感を伴って深く理解できることに結び付く**「学習の芽生え」を育んでいく**ことです。生涯にわたる学習の基礎をつくること、それは「後伸びする力」を培うことにもなります。しかし、小学校入学後の生活の変化に対応できにくい子どもの実態を見てみると、平成23年度は18.2%（東京都の小学校の場合。社会福祉法人『保小連携に関する調査研究報告書』日本保育協会、平成25年3月、p.3）となっており、学習指導が成立しない等、学級が機能しない状況も認められます。このようなことに鑑みるとき、保育所や幼稚園と小学校が相互に教育内容を理解したり、子ども同士の交流を図ったり、指導方法の工夫改善を図ったりすることが極めて重要です。

2 接続に向けた課題

　保育所や幼稚園と小学校の連携の現状を見てみると、以下の課題が存在します。

　文部科学省の調査によると、「⑴　幼稚年教育が小学校教育とどのようにつながっていくのか具体化するのが難しい。（市町村　52％）」「⑵　教育の相違点について、幼稚園、小学校が十分理解・意識していない。（市町村　34％）」「⑶　幼稚園又は小学校が、接続した教育課程の編成に積極的でない。（市町村　23％）」等の課題が挙げられています。

　このような背景には、保育所・幼稚園と小学校では、保育内容（教育内容）、学びの内容、個々人の捉え方等の点で根本的に異なるということが左右するからでしょう。例えば、**①保育内容と教育内容の異同、②学びの捉え方の異同、③学び手である幼児・児童の個々人の捉え方等の異同**

等です。

①保育内容と教育内容の異同

　保育所や幼稚園等の幼児教育をめぐって、横井紘子が見えない教育と揶揄されていることもある（横井紘子他『保幼小連携の原理と実践』ミネルヴァ書房、2011、p.49）と指摘しているごとく、小学校教師の側からすれば、その内容が捉えがたいのです。具体的事例によって説明が加えられるものの、生きる力の基礎となる心情・意欲・態度という抽象的なねらい（前掲書p.49）を志向しているゆえ、達成感や育ちの様相が定かでない場合が存在します。そのことは、保育所や幼稚園の指導案と、小学校の学習指導案とを対比してみると、容易に理解できるでしょう。「ねらい」（保育所・幼稚園）と「目標」（小学校）をそれぞれ対比してみるとき、前者の場合は、心情・意欲・態度等が掲げられ、一方後者の場合は内容目標と能力目標とが掲げられています。さらに、本時の過程を対比してみると、前者の場合は、時間の流れに沿って幼児の活動が掲げられ、一方後者の場合は、時間の流れに沿って児童の活動が詳細に（取り扱う教材の具体的な内容、その指導の方法を含めた児童自身の理解や習得の様相）掲げられています。このようなことからも分かるように小学校の学習指導案の場合、学習者である児童にどのような内容を（能力）をどのように体得させるかが明示されています。このように両者の異同により疑問や課題が生じるのでしょう。幼児教育においては、保育・教育のねらいが生活や遊びを通じて総合的に達成されていくものであるということを念頭に置くとき、前述した流れになることでしょう。

②学びの捉え方の異同、③学び手である幼児児童の個々人の捉え方等の異同

　幼児の自発的な活動としてのあそびは、心身の調和のとれた発達の基礎を培う重要な学びであるとされています。このように幼児教育においては、充実した遊びや遊びの充実ということが重要視されています。しかし、幼児一人一人の遊びを見るとき、学びの様相は定かでないという指摘があります。つまり、子どもの一人一人の遊びをじっくりと見ていても、学びがどこにあるのかよくわからない（前掲書p.54）という意見なのです。これは、小学校の教師からの指摘です。小学校の学習指導においては、学習の目標を達成するために如何なる学習が成立したか否かを評価しています。具現すれば、教材「ごんぎつね」の６の場面の前半を読み取る際、「家に入ってきたごんに気付いた兵十の怒りや憎しみを叙述に即して読み取ることができるようにする。」というのが学習の目標です。ここでは、学習である児童が如何なる課題（目標）に取り組むかが明確にされ、その課題に対する学びの内容も学び合いも明確にされています。

　これに対して幼児教育では、学びの課題の達成が特定の学びの成立に直結しているわけではな

い（前掲書p.55）のです。ここに小学校の学習指導と大きく異なる点があります。幼児教育においては、ある内容の学びを実現するためには、ある特定の生活や遊びがあるわけでなく、それは生活の全体を通じて、様々な体験をする中で行われます。ここにおいて学びの内容を明確にするのは難しいのです。このように考えると、③の学び手である幼児・児童の個々人の捉え方等の異同も当然あり得ます。

　保育所や幼稚園と小学校の接続を強化していくに当たっては、**園文化と学校文化の隔たりをしっかり踏まえて、両者の実践場面における保育や教育の様相を理解**し、それを幼（保）・小一貫教育に結び付けていくことが必要でしょう。

3　接続の具体的な方向性

　幼児期の終わりまでに育ってほしい姿を具体的にイメージし、スタートカリキュラムを志向してアプローチカリキュラムを作成していくことが重要です。その際、教育の方向付けを重視した目標に着目すべきです。その目標をめぐって、よく指摘されることは、児童期については小学校学習指導要領において育成すべき具体的な姿が示されているが、しかし幼稚園教育要領及び保育所保育指針においては育成すべき具体的な姿が示されていないということです。以上のことを踏まえ、幼児の発達等の状況を踏まえ、今回の幼稚園教育要領等で重要視された**幼児期の終わりまでに育ってほしい幼児の具体的な姿をイメージしつつ、豊かな教育が展開されるように工夫していくことが重要**です。

　先にスタートカリキュラムを志向したとしましたが、それは、生活科を中核に据え、合科的・関連的な指導も含め、学び手である児童の生活及び学習の流れの中で、幼児期の終わりまででに育ってほしい姿が発揮できるように工夫されたものです。このようなスタートカリキュラムを作成するに当たっては、幼稚園と小学校のそれぞれが、アプローチカリキュラムとスタートカリキュラムを改めて見直し、そして疑問点及び問題点を見いだす必要があります。その際、子どもの育ち及び学びを「つなげる」、つまり幼稚園での子どもの育ちや学びを小学校にしっかりつなげたいという思いを、また小学校では、その思いをしっかり引き受けるという思いで検討を加えていきましょう。先述した課題克服のためにもこのようなことは極めて重要です。

　その手がかりとして、3歳児、4歳児、5歳児及び小1の幼児・児童の見方・考え方、つまり幼児・児童の発達の特性を捉えておきましょう。例えば、授業の実践記録及び写真等を基に、幼稚園での遊びや学びの中に、あるいは小学校での学びの中に子どもたちのどのような育ちが存在しているかを明らかにしておきましょう。「思考力の芽生え」という観点からその様相を見てみましょう。

3歳児	土や砂を触れたり、水を流したりして、それぞれの感触を楽しむ姿
4歳児	水に絵の具を溶いて折った紙に染み込ませ、開いた時の色の広がりや形を楽しむ遊び
5歳児	物の性質や仕組みなどを感じ取ったり、気付いたりし、考えたり、予想したり、工夫したりするなど多様な関わりを楽しむ姿
小１	物の性質や仕組みなどを感じ取ったり、気付いたり、考えたり、予想したり、工夫したりするなど、多様な関わりを楽しむ姿

文部科学省委託「幼児期の教育内容等深化・充実調査研究」山口県教育庁義務教育課、平成30年3月

　「思考力の芽生え」という観点から**3歳児より小学校第１学年までの育ちや学びの具体的な様相をつないでみることによって、その変容の様相を垣間見る**ことができるでしょう。こうしたことを、カリキュラムの作成に生かしていくことが重要です。

連携カリキュラム〈言葉の視点から〉

1 幼児期の言葉は「一次的ことば」

　小学校の国語では「読むこと」「書くこと」が中心になるというイメージは、今でもかなり根強くあります。しかし、小学校の国語科で学ぶ内容は、それだけではありません。**「話すこと・聞くこと」にも大きな変化がある**のです。発達心理学者の岡本夏木は、小学校入学によって子どもを取り巻く「言葉」の環境が一変すると捉えました(『ことばと発達』岩波新書)。

　岡本は幼児期の子どもの言葉の状況を「一次的ことば」と言います。それは言葉が言葉だけで自立せずに周囲の状況を通して発せられます。

2 「なんにしようか?」の意味がなぜ何通りにも変わるのか?

　岡本によると、「一次的ことば」とは①具体的で現実的な場面で発される言葉であり、②言葉だけでなく周囲の状況や文脈を加えて理解されます。また、③言葉を発する人と受け取る人とは親密な間柄の人(親子や先生と幼児等)同士に限られ、④互いに会話をし合う中で双方向的にコミュニケーションが行われ、⑤話し言葉(音声言語)を発されます。

このように**「なんにしようか？」という同じ言葉がさまざまな意味に変わるのは、言葉が言葉だけで自立、自足していないから**なのです。

「一次的ことば」は、家庭中心の「うちの言葉」であり、大人になっても、「おい、これ！」などと使われます。

3 小学校から始まる「二次的ことば」

小学校に入学してから子どもが接する言葉の世界は、外国語に初めて接するのにも似た趣があり、子どもは大いに緊張します。

それは世間でしばしば思われているように、「文字」を学習するからではありません。「一次的ことば」とは全く異なる言葉遣いを学習するようになるからです。岡本夏木はこの新しい言葉遣いを「二次的ことば」と呼びました。教室で児童は、言葉だけに頼って「いつ、どこで、誰が、何を、どうする」を理解することが求められていくことになります。それは教員が児童に話す内容を聞く姿勢の中で学んでいきます。

4 いつ、どこで、だれが、何を、どうしたか」を言葉だけで説明する

「二次的ことば」とは、①現実を離れた場面でのできごとを、②言葉の文脈だけで行われます。またそれは、③不特定の親密でない他者にも向かって行われ、④一方的に自分だけで言葉を設計

して行うコミュニケーションであり、④話し言葉（音声言語）だけでなく書き言葉（文字言語）を駆使しても行われます。児童はやがて、自分自身でも、この「二次的ことば」を用いて教室で話し、聴く、「伝え合い」を学んでいくことになります。

「一次的ことば」から「二次的ことば」への移行に役立つ「昔語り」

　小一プロブレムということが言われて20年以上が経ちましたが、これを領域「言葉」の立場からみるならば、**「一次的ことば」から「二次的ことば」への移行に伴う子どものとまどいが授業を崩壊させる混乱を引き起こしている**と考えることができます。

　このようなとまどいや混乱をおこさないために、さまざまな工夫が試みられていますが、ここでは「昔語り」という長い歴史をもつ文化財を活用することを紹介したいと思います。

●「昔語り」は「二次的ことば」への入り口

　「昔話」という言葉は民俗学者・柳田國男が学術用語として定着させましたが、本来は「話す」ものでなく「語る」ものでした。「話す」は戦国時代以降の新しい言葉で「噺」と国字で示されるように新しい話術でした。特徴は一方的に口から話される言葉であり、一方的なモノローグでした。対して「語る」は古代から確認される古い言葉であり、相手に衝撃を与える「カツ（勝つ・克つ・搗つ）」から派生した語だといわれいます。衝撃を与えられた聞き手は「相槌」を打ちながら聞くのが、「昔

語り」です。

　「昔語り」は①現実を離れた場面のできごとであり、②絵画や劇などの言葉以外の道具に頼らず、言葉だけの文脈で行われるにも関わらず、③親しい人間同士で楽しまれ、④語り手の「語る」いとなみと聞き手の「相槌」とが双方向的に交差する、つまり「一次的ことば」と「二次的ことば」との交差点にある、幼児期から児童期への過渡期の子どもに供されるのに相応しい言語活動です。

　なお、相槌はフーンやウーンなどが多く、これらの相槌は決して悪い言葉でありませんでした。また、各地に独特の相槌が残っており、たとえば東北地方に散見される「オットー」や「ハード」は「おお尊と」は「はあ尊と」が訛ったものだと言われ、人々は昔語りを傾聴していました。昔語りの語り口は神話の名残だとも言われています。

　『幼稚園教育要領（平成30年3月）』に新しく加えられた「幼稚園教育において育みたい資質・能力」及び「幼児期の終わりまでに育ってほしい姿」の「⑼　言葉による伝え合い」では、絵本や物語に親しみながら言葉や表現を豊かにし、自らの経験や思考を言葉で伝え、聞く「伝え合い」を楽しむようになることが示されています。

　このとき、子どもが「一次的ことば」から「二次的ことば」へと言語生活が変化されていく大変な言葉の冒険を試みていることを保育者は十分に理解し、子ども一人ひとりの成長過程を見守りながら適切な援助を行っていくことが大切です。

3 連携カリキュラム〈環境の観点から〉

1 領域（環境）における連携カリキュラム

　領域（環境）では、「自然に親しみ、動植物に触れる」「ものや道具に関わって遊ぶ」「文字や標識、数量や図形に関心をもつ」「遊びや生活の情報に興味をもち、地域に親しむ」「行事に親しむ」などの内容が示されています。

　幼児教育と小学校教育の連携・接続を図る上で、**幼児期の遊びを中心とした学びが小学校の生活や学習で活かされてつながるように工夫された5歳児のカリキュラム**と、幼児期の育ちや学びを踏まえた**小学校入学当初のスタートカリキュラム**、生活科を中心とした合科的・関連的な指導を重視したカリキュラムを**接続期のカリキュラム**とし、その開発が求められています。このカリキュラムでは、幼児と児童が一緒に活動する姿が見られます。

2 連携カリキュラムの具体

　幼児は、感性を生かしたあそびや豊かな体験を通して、感じたことや気付いたことなどを体全体で表現し伝えます。

　たとえば、幼児は、どろだんごをつくる遊びで、作ったどろだんごの数を数えてみたり、砂の性質に気付いたりします。さらに、友達に協力を求めて大きな砂のお山を作ったり、トンネルを掘ってつなげたりするなど、活動を工夫し発展させていきます。一方、砂場あそびの道具であるバケツ・スコップ・熊手などの物を片付ける場所などの標識を工夫して作ったり、その活動の過

程で同じ形の文字を見付けることを楽しんだりします。

　これらの活動から「幼児の終わりまでに育ってほしい姿」の「(3)協同性」「(9)言葉による伝え合い」「(8)数量や図形、標識や文字等への関心・感覚」などの子どもの姿が見られることでしょう。このような遊びの経験は、小学校の生活や学習に興味・関心をもって主体的に関わる姿や友達と互いの思いや考えを伝えながら一緒に活動する姿につながっていきます。

　小学校の児童が園児を小学校へ招待し、学校を探検したり、「玉入れ」「まとあて」「さかなつり」などの遊びを一緒にして楽しみます。たとえば、「さかなつり」では、幼児の「幼児期の終わりまでに育ってほしい姿」の「(1)健康な心と体」「(4)道徳性・規範意識の芽生え」「(8)数量や図形、標識や文字などへの関心・感覚」などの育ちの姿が見られます。一方、児童では、各教科等の各内容で育成された資質・能力が表出されます。例えば、生活科の内容(6)「身近な自然や物を使った遊び」、内容(9)「自分の成長」、国語科の第1学年及び第2学年「A　話すこと・聞くこと」(1)イ、ウ、オ、算数科の第1学年「A　数と計算」(1)ア(ア)、(イ)、特別の教科　道徳の第1学年及び第2学年「C　主として集団や社会との関わりに関すること」「規則の尊重」などで育まれた資質・能力が活用・発揮されます。

３　連携カリキュラムの要点

　このように、活動を設定する過程において、幼児期における各領域のねらいや内容、「幼児期の終わりまでに育ってほしい姿」などの子どもに育成すべき資質・能力を明らかにするとともに、目指す姿を子ども個々人の具体的な育ちの姿として捉え、適切に評価し、子どもの指導・援助や連携カリキュラムの改善に生かすことが重要視されます。さらに子どもの姿を幼稚園と小学校の教師が共有し、その実態に合った連携カリキュラムを開発することが求められています。

4 連携カリキュラム〈人間関係の観点から〉

　領域「人間関係」を中核に据えて幼小連携のカリキュラムについて考察します。道徳性の芽生え、道徳性を培うことは、幼児教育及び小学校教育に位置付けられ、それらは重要な指導事項です。前者の道徳性の芽生えは、基本的な生活習慣の形成、他者の存在に気付く、相手を尊重する気持ち等の基盤となる内容です。一方、後者の道徳性は、道徳的な判断力、心情、実践意欲と態度等の道徳的価値について理解を深める内容です。

　このようなことを念頭に置いて、連携カリキュラムの基本について考えてみましょう。

● 幼小の道徳性の育ち

　領域「人間関係」においては、「他の人々と親しみ、支え合って生活するために、自立心を育て、人と関わる力を養う」ことを目指し、幼稚園教育において育みたい資質・能力について理解することを願っています。以下においては、このことを志向し、「幼稚園教育要領」で重要視されている「幼児期の終わりまでに育ってほしい姿」の「(4)道徳性・規範意識の芽生え」を育む様相を見てみます。

　幼稚園生活においては、ほかの幼児との関わりにおいて、自分の感情や意志を表現しながら、ときには自己主張のぶつかり合いが見られます。そのぶつかり合いによる葛藤を通して互いに理解し合う体験を重ねる中で、道徳性・規範意識の芽生えが育まれます。次はその例です。

● 事例（僕もしたい）

　IとYが吊り輪を奪い合って押し合いを始めた。

　保育者は「I君もしたいし、Y君もしたいだね。」と言いながら二人を落ち着かせる。そこで、KoとKeもやってくる。Keは、

　「Keちゃんしたいの。」

と吊り輪を持っているYをける。保育者が

　「Ke君、お友達をけっても代わってもらえないよ。お友達が終わってからKe君も乗れるからね。待ってね。」

と話をする。(中略)やっとKeの番になる。

　「ちゃんと乗れたね。よかったね。」

と話すとご機嫌な表情を見せる。また、やりたいと並んで待つKoとKe。Keは、

「Ko君順番だね」

と声をかけながら待つ。

（「その子らしさが輝く園生活」（鹿児島大学教育学部附属幼稚園）

　この事件をめぐって、指導者である教師は、「自分と同じように『やりたい。』と思う友達がいると、『待っていたらできるんだ。』『順番にするのも楽しいな。』という思いを少しでも感じてくれたらという願いもあった」と指摘します。ここでは、吊り輪の遊びをめぐって、幼児が自己主張して吊り輪を奪い合ったり、順番を守らなかったりした場合において、教師は適切に関わって幼児がきまりの存在に気付き、それに従って楽しく遊ぶことができることを願っています。幼児が吊り輪を奪い合って自己を抑制できずに対立している場面においては、教師はそれぞれの立場を認めて、幼児を安心させています。そして、順番を無視して自己の感情をコントロールできない幼児に対しては、きまりの存在に気付かせようと言葉がけをしています。その結果、幼児は順番（きまり）を守って楽しかったという思いに至っています。ここで、幼児は、他者との関わりにおいて様々な葛藤を体験し、自己の感情を抑制して決まりを守ることによって、集団の中で楽しく過ごすことができるということに気付いています。ここには、道徳性の芽生えが培われつつあります。

　このようなあそびや生活を通した学びと育ちの基礎が、主体的に自己を発揮し、新しい生活を作り出していくためのカリキュラム、つまりスタートカリキュラムに結び付くと考えられます。小学校の学習指導要領「特別の教科　道徳編」においては、「C　主として集団や社会との関わりに関すること（規則の尊重）」の中に「第１学年及び第２学年：約束やきまりを守り、みんなが使う物を大切にすること」とありますが、ここでは、自己中心性が強く、ともすると周囲への配慮を欠いて自分勝手な行動をとることも少なくない小学校低学年に対して、身の回りの公共物や公共の場所の使い方及び過ごし方についてどうするのがよいのか、そしてそれはなぜなのかといったこと等を理解させることを願っています。先の事例（僕もしたい）の内容は、この「規則の尊重」に結び付くものと考えます。

　あそびの場面において自己を抑制できずに対立している際、教師の適切な援助によって、幼児は気持ちを自分なりの言葉で表現し、それに相手がうなずいたり、言葉で応答してもらうという言葉のやりとりを通して、新たな人間関係を築いていくのです。幼稚園での、このような体験は、小学校低学年で重要視している、「伝えたいことを相手に応じて、声の大きさや速さなどに注意して適切な話し方を工夫する」ということに結びつくのです。

監修・編著者・執筆者／執筆箇所一覧　　　　　　　　　　　　　所属は令和3年2月現在

監修　日本国語教育学会

編著者　福山多江子　東京成徳短期大学教授／日本国語教育学会幼保部会会長
　　　　はじめに／第1章　Q1-4、8、9、14、19、20、26、28、32、33、36／第2章　11、12、13

　　　　伊澤永修　秋草学園短期大学准教授
　　　　第1章　Q10、11／第2章　4、17-20

　　　　大澤洋美　東京成徳短期大学教授
　　　　第1章　Q13、21-23、25、27、30、34／第2章　14／column

　　　　生野金三　元・尚絅大学短期大学部特任教授
　　　　まえがき／第1章　Q6、12、37／第3章　1、4

執筆者（五十音順）

　　　　太田顕子　関西福祉科学大学准教授
　　　　第2章　2、10

　　　　岡本弘子　目白大学講師
　　　　第2章　3、6、15

　　　　加苅則子　社会福祉法人春和会・港区立元麻布保育園園長
　　　　第2章　1、5、7、16

　　　　加藤美朗　関西福祉科学大学准教授
　　　　第1章　Q39、40

　　　　香田健治　関西福祉科学大学講師
　　　　第1章　Q35、38／第2章　8、9／第3章　3

　　　　高木史人　武庫川女子大学教授
　　　　第1章　Q5、7、24／第3章　2

　　　　永井優美　東京成徳短期大学准教授
　　　　第1章　Q15-18、24

　　　　星 道子　日本国語教育学会常任理事
　　　　第1章　Q29、31

0〜6歳児「言葉を育てる」保育
よくあるギモン40＆言葉あそび20

2021(令和3)年 3 月16日　初版第1刷発行
2022(令和4)年11月30日　初版第3刷発行

監　修：日本国語教育学会
編著者：福山多江子・伊澤永修・大澤洋美・生野金三
発行者：錦織圭之介
発行所：株式会社東洋館出版社
　　　　〒101-0054 東京都千代田区神田錦町2丁目9番地1号
　　　　　　　　　　　　　　　　コンフォール安田ビル2階
　　　　代　表　電話03-6778-4343　FAX 03-5281-8091
　　　　営業部　電話03-6778-7278　FAX 03-5281-8092
　　　　振　替　00180-7-96823
　　　　ＵＲＬ　https://www.toyokan.co.jp
イラスト：いしやま暁子〔第1・3章〕・甲斐える〔カバー・第2章〕
デザイン：mika
組　版：株式会社明昌堂
印刷・製本：藤原印刷株式会社

ISBN　978-4-491-04116-2
Printed in Japan